»Geh aus, mein Herz, und suche Freud/In dieser lieben Sommerzeit« – Paul Gerhardt hat in seinem unvergessenen »Sommerlied« dazu aufgefordert, die Freuden, Besonderheiten und Schönheiten der zweiten Jahreszeit zu erleben. Vor und nach ihm haben andere Dichter, jeder in seiner Art, den Sommer beschrieben oder besungen. Die Sonne hat ihren höchsten Stand erreicht. Sie bewirkt Reife und Ernte. Sie bestimmt die Ferienzeit und die Feste. Pfingsten, Fronleichnam, Himmelfahrt, Johannistag werden begangen. Die Tage bleiben lang. Die Gärten blühen und duften. Nachtigallen schlagen. Falter flattern. Die Hitze wird unterbrochen von Regen, von Gewittern. Tatsächlich, die Gedichte und Prosastücke beweisen es: die »liebe Sommerzeit« verdient ein eigenes Buch!

Hans Bender, Herausgeber von *Das Herbstbuch* und *Das Winterbuch*, hat mit derselben Begeisterung *Das Sommerbuch* gesammelt. Eine mustergültige Anthologie deutschsprachiger Literatur aus vier Jahrhunderten, in welcher die vertrauten Sommertexte wiederkehren, aber auch neuentdeckte und aufgespürte den Leser überraschen.

insel taschenbuch 847
Das Sommerbuch

Das Sommerbuch

GEDICHTE UND PROSA
HERAUSGEGEBEN VON
HANS BENDER

INSEL VERLAG

Umschlagfoto: Yves Duronsoy

insel taschenbuch 847
Erste Auflage 1985
Insel Verlag Frankfurt am Main und Leipzig
© dieser Ausgabe Insel Verlag Frankfurt am Main 1985
Alle Rechte vorbehalten, insbesondere das der Übersetzung,
des öffentlichen Vortrags sowie der Übertragung durch
Rundfunk und Fernsehen, auch einzelner Teile.
Kein Teil des Werkes darf in irgendeiner Form
(durch Fotografie, Mikrofilm oder andere Verfahren)
ohne schriftliche Genehmigung des Verlages reproduziert
oder unter Verwendung elektronischer Systeme verarbeitet,
vervielfältigt oder verbreitet werden.
Quellenhinweise am Schluß des Bandes
Vertrieb durch den Suhrkamp Taschenbuch Verlag
Umschlag: Michael Hagemann
Satz: LibroSatz, Kriftel
Druck: Ebner Ulm
Printed in Germany

8 9 10 11 12 13 − 04 03 02 01 00 99

Das Sommerbuch

PAUL GERHARDT
SOMMERLIED

Geh aus, mein Herz, und suche Freud
In dieser lieben Sommerzeit
An deines Gottes Gaben;
Schau an der schönen Gärten Zier
Und siehe, wie sie mir und dir
Sich ausgeschmücket haben.

Die Bäume stehen voller Laub,
Das Erdreich decket seinen Staub
Mit einem grünen Kleide.
Narzissen und die Tulipan,
Die ziehen sich viel schöner an
Als Salomonis Seide.

Die Lerche schwingt sich in die Luft,
Das Täubchen fleucht aus seiner Kluft
Und macht sich in die Wälder,
Die hochgelobte Nachtigall
Ergötzt und füllt mit ihrem Schall
Berg, Hügel, Tal und Felder.

Die Glucke führt ihr Küchlein aus,
Der Storch baut und bewohnt sein Haus,
Das Schwälblein speist die Jungen;
Der schnelle Hirsch, das leichte Reh
Ist froh und kommt aus seiner Höh
Ins tiefe Gras gesprungen.

Die Bächlein rauschen in dem Sand
Und malen sich in ihrem Rand
Mit schattenreichen Myrthen;
Die Wiesen liegen hart dabei
Und klingen ganz von Lustgeschrei
Der Schaf und ihrer Hirten.

Die unverdroßne Bienenschar
Fleucht hin und her, sucht hier und dar
Ihr edle Honigspeise;
Des süßen Weinstocks starker Saft
Bringt täglich neue Stärk und Kraft
In seinem schwachen Reise.

Ich selber kann und mag nicht ruhn,
Des großen Gottes großes Tun
Erweckt mir alle Sinnen;
Ich singe mit, wenn alles singt,
Und lasse, was dem Höchsten klingt,
Aus meinem Herzen rinnen.

EDUARD MÖRIKE
BRIEFE IM JUNI

An Johannes Mährlen

Ochsenwang, den 5. Juni 1832

Es war abends vier Uhr; ich hatte soeben im Verdruß der Langeweile zu meiner guten Mutter gesagt: Heut hab ich eigentlich den ersten peinlich müßigen Tag am hiesigen Ort. Der kranke Hals, weil er eben zwischen Kopf und Brust mitteninne liegt, sperrt beiden den gewohnten Handel ab, der auch bei der ärgsten Faulenzerei sonst immer noch so ganz ersprießlich bei mir fortging. Ich hätte heulen können, wie ein Mädchen. Da sah ich am Fenster ein Gewitter von der Teckseite herziehen, eine Minute drauf rollte der erste Donner, und alle meine Lebensgeister fingen an, heimlich vergnüglich aufzulauschen. In unglaublicher Schnelle stand uns das Wetter überm Kopf. Breite, gewaltige Blitze, wie ich sie nie bei Tag gesehen, fielen wie Rosenschauer in unsre weiße Stube, und Schlag auf Schlag. Der alte Mozart muß in diesen Augenblicken mit dem Kapellmeister-Stäbchen unsichtbar in meinem Rücken gestanden und mir die Schulter berührt haben, denn wie der Teufel fuhr die Ouvertüre zum Titus in meiner Seele los, so unaufhaltsam, so prächtig, so durchdringend mit jenem oft wiederholten ehernen Schrei der römischen Tuba, daß sich mir beide Fäuste vor Entzücken ballten.

In diesem Moment, da es in Strömen draußen goß, tritt ein himmellanger Kerl, ein Bote von Gutenberg (wohin Dein Paket sich verirrt hatte), herein. – O Alter! mir wollten die Tränen aus den Augen springen, da ich Mährlens Siegel und Handschrift erblickte. War ich vorher besoffen, so war ichs nun doppelt und dreifach, wie einer, der seinen doucen Rausch aus der dumpfigen Kneipen-Atmosphäre an die frische Luft trägt.

An Wilhelm Hartlaub
                              Cleversulzbach, den 10. Juni 1838
Ich machte nämlich, um recht still an Dich zu denken, des Nachmittags einen Spaziergang in den Wald. Die Sonne schien, und ein Gewitter, das uns drohte, war ohne einen Tropfen Regen vorübergezogen. Ich weiß nicht, hab ich Dir jene offene Stelle im Walde gezeigt, wo einst ein See gelegen war? Jetzt wächst ein schönes Gras darauf, das man nur eben frisch abgemäht hatte. Der Platz ist ein längliches Viereck, ein ziemlich vertieftes, doch ganz ebenes Bette. An der vordern schmalen Seite, wo man herkommt, ist ein dammartig aufgeworfner, mit dichtem Moos überzogener Hügel, worauf die schönste Buche steht. Da setzte ich mich nieder, und zog zuletzt ein Buch hervor, welches wir ehmals beide gleich sehr liebten. Ich mag wohl lange fortgelesen haben; am Ende aber schlief ich ein.

An Margarethe von Speeth
                              Egelshofen i. Thurgau, den 10. Juni 1851
Nah zwei Uhr gingen wir hinaus. Die Luft war schwül, mitunter Sonnenschein, bei heftigem Wind. Es hatte geregnet, man konnte nicht sitzen und eben deshalb willens, nur eine Skizze nach der Natur zu nehmen, hatte ich dazu das nächste beste Papier eingesteckt, um die Ausführung auf einem andern Blatt bequem daheim zu machen. Der kleine Kirchhof, von drei Seiten frei, ohne Zaun oder Mauer umgeben – wodurch ihm eben alles Ängstliche

benommen ist – wird nur durch einen schmalen Fahrweg vom Wald getrennt. In dem vordersten Buschwerk desselben (meist Buchen) stand ich, etwas erhöht, mit dem Bleistift beschäftigt. Zwei Weiber und ein Kind gingen drei Schritt vor mir vorbei, ohne mich wahrzunehmen. Klara ging Blumen für Dich suchend hin und her, sie verriet unbewußt ihre friedsame Stimmung in dieser lieblichen katholischen Nachbarschaft, indem sie das von Mergentheim uns unauslöschlich in das Herz geschriebne Heilig-Geist-Lied halblaut vor sich hinsang. Einmal kam sie herbei, mir ein nicht leicht gesehenes grünes Blatt zu zeigen, auf dessen oberer Fläche, mitten, ein rötlicher Fleck, wie ein verlaufner Blutstropfen, gezeichnet war. Es schien ihr wunderbar und sie sagte, sie könnte glauben, daß dies Laub unter dem Kreuze Christi gestanden habe. In diesem Augenblicke macht ich just (ihr unbemerkt) das Kruzifix bei der Kirche.

... Nachdem der Umriß meiner kleinen Zeichnung fertig war, aß ich mit großem Appetit (denn unser Mittagessen fiel heute gar zu mager aus) ein groß Stück frischgebacken Brot, das Klärchen mitgenommen hatte. Wir gingen unter liebevollen Erinnerungen an Dich den Berg hinab und fanden den Kaffee zu Haus bereit. Kaum hatte ich den Schlafrock wieder an, fiel draußen ein fürchterlicher Platzregen, vor dem Dein Tages Genius uns noch glücklich bewahrte. Um dieselbe Zeit war auf dem See unweit von Konstanz ein mit Rorschacher Steinblöcken für den Münsterbau beladenes Schiff am Untergehn. (Es hatte »übersegelt« d. h. des Windes zu viel in die Segel bekommen und sich daher auf die Seite gelegt; mit Not nur konnten sie noch in die Nähe des Ufers gelangen.)

HUGO VON HOFMANNSTHAL
JUNIABEND IM VOLKSGARTEN

Zwei junge Herren gehen unter den blühenden Kastanien des Volksgartens auf und ab.

DER ERSTE JUNGE HERR: Wie schön ist das alles! Weiße Kastanienblüten und blaßrote liegen auf unsrem Weg, und daneben leuchtet das smaragdgrüne, dichte, kühle Gras. Auf den Wiesen schaukeln sich die runden blütenüberquellenden Fliedersträuche; ringsum laufen Wände von dunklem Laub und aus dem Dunkel leuchten weiße Blütentrauben der Akazien und funkeln die vergoldeten Lanzenspitzen des Eisengitters. Über den schwarzen Baumwipfeln aber silhouettieren sich auf dem glutroten Abendhimmel die wundervollen Linien phantastischer Steinfirste, bronzener Viergespanne, marmorner Götter und vergoldeter Bekrönungen. Und weithin leuchten goldgrün und kupferrot Kuppeln und Turmknäufe in der fernen Dämmerung verschwimmend. Die Luft ist eigentümlich leuchtend und bringt in den gigantischen Raum einen rätselhaft intimen Zauber.

DER ANDERE JUNGE HERR: schweigt.

DER ERSTE JUNGE HERR: Ein leiser lauer Wind raschelt in den Wipfeln und wirft sich manchmal kopfüber herab, stößt über die Wiese hin und regt einen flüchtigen Duft von Jasmin und Flieder und Akazien auf. Dann ist wieder alles still. Wie schön ist das alles! wie lebendig, erfaßbar, wie wirklich! Wie schön ist Schönheit!

DER ZWEITE: Für uns. Für ein paar Menschen. Siehst du dort unter dem Goldregen die beiden jungen Leute? Er hat den Arm hinter ihrem Nacken auf die Banklehne gelegt, und sie hat die Augen halbgeschlossen und die kleinen Füße ausgestreckt. Nichts existiert für diese beiden als das vage Glücksgefühl, aller irdischen Schwere ledig im Raum zu schweben. Wer auf der Bank der Liebe sitzt, braucht die Schönheit der Dinge nicht.

DER ERSTE: Ich meine, die Wunder der Liebe sind nichts anderes, als was im kleinen der Anblick einer graziösen Narzisse ist, oder eines Emails von Limoges oder einer Vorfrühlingslandschaft von Gabriel Max: die Sinnpflanze der Sehnsucht in uns schauert zusammen, ein Beben läuft ihren sensitiven feinen Leib empor und das Verlangen schüttelt sie, süßes, unsägliches Verlangen, . . . eben Sehnsucht . . . Wonach? Sagen wir nach Glück. Bei der Pflanze ist es Sonne. Und Schönheit ist Verheißung von Glück, das ist das Ergreifende an ihr, was bis in die Eingeweide schauern macht, das namenlos Schmerzliche, namenlos Süße. Und ist Liebe etwas anderes? Sag: läuft nicht Liebe so durchs Leben, ein betörender Bote von Gottweißwas, genau wie der verwirrende Wind in der Nacht und die Musik des Chopin und die dunkelduftenden Rosen?

DER ZWEITE: Ich glaube, so ist Liebe, aber sie ist auch noch mehr . . .

DER ERSTE: Sag nicht, daß Schönheit nur für ein paar Menschen da ist, aber reicher ist sie für ein paar, spielt für ein paar mit feinen Fingern auf silbersaitigen Harfen, stumpfen Sinnen verborgen.

JOHANNES BOBROWSKI
RAINFARN

Der Berg ist aus Sand. Er trägt einen dünnen Kiefernwald, vielleicht zweihundert Stämme. Wäldchen kann man darauf nicht sagen, dafür ist alles – Bäume, Unterholz, Kraut – zu schäbig und kahl. Es fehlen die Himbeerbüsche und eine herabgekommene Sorte ungenießbarer Johannisbeeren, die sonst in der Gegend überall vorkommt, sogar die Tollkirsche, die besseren Boden braucht. Nur am Osthang, zur Straße hinunter und nach der Gärtnerei König zu, gibt es verwilderten, kleinblütigen Flieder, der immer schon frühzeitig krausgezogene, braunfleckige Blätter zeigt, und ein bißchen Holunder. Und der Abhang auf der anderen Seite, nach der Bahnstrecke hin, hat ein Robiniendickicht, das sogar die Hunde meiden, nur die Vögel nicht. Wald dürfte man aber wohl auch nicht sagen, Wald ist das ja gewiß nicht. Doch Wald, das ist schon anders als Wäldchen, viel allgemeiner, was nennt man nicht alles Wald.

Und dann schließt sich an das unregelmäßige Geviert hoher Bretterzäune, mit dem der Sandrücken sich, abfallend, auf die Stadt zudreht, wirklich so etwas wie ein Wäldchen an, Wacholder, kleine Kiefern, Fichten. Das harte weiße Moos gibt es hier überall, wie auf dem Berg auch, und trockenes Blaubeerkraut, das nichts trägt, Preiselbeerkraut, Heidekraut, und in der feuchten Senke, kurz vor dem Bahndamm, wächst der stinkende Porst.

Im Winter, wenn hier der Schnee liegt und lange bleibt und es hinter den Bretterzäunen noch stiller zugeht als im Sommer, ganz still, weil die Zäune nur dastehn, nur überwintern, niemand verstecken, weil niemand gekommen ist, jetzt im Winter, außer den Krähen und Dohlen, gibt es hier Rodelbahnen, wo tags die Schulklassen lärmen und abends die Halbwüchsigen zu Felde ziehn, ganze Schlittenketten, aber auch einsame Stuhlschlitten, weniger Lärm, mehr Pfiffe, Zurufe, Signale und unentwegte Abfahrten ins Dunkel hinein.

Jetzt im Juni und jetzt am Tag, an einem Sonnabend, genau: zu Johanni, streift eine rotweiße Katze durch das Beerenkraut auf die Krüppelkiefern am Bahndamm zu. Es ist so still, jetzt am Nachmittag, daß vom Park Jakobsruhe der Lärm eines Mandolinenorchesters herüberkommt, schwach und friedlich, aber wie ein unablässiges Kratzen doch, ein Streicheln gegen den Strich, eine Sache wie Juckpulver.

Und es gibt hier Leute, die ihm zuhören.

Sie wohnen in den billigen, holzverkleideten, grüngestrichenen Siedlungshäusern am Fuß des Sandrückens, nach der Stadt zu. Die Zäune oben auf dem Berg, das unregelmäßige Brettergeviert, diese Anlage, oder wie man das nennt, hat ein Tor mit einem Schild, auf dem steht schwarz auf weiß: Sonnenbad, mit dem Zusatz e.V. Es handelt sich also um Freikörperkultur, einen eingetragenen Verein, und um sein Reservat, das, wie es sich gehört, am äußersten Stadtrand liegt. Der lange Bretterzaun, zwei Meter zwanzig hoch, hat seine zweihundert Astlöcher, schlecht gerechnet, die oberen für Erwachsene, die unteren für die Jugend. Das gehört zur Unterhaltung der Siedlung, die längst den Namen des peinlichen Reservats übernommen hat und ihn so frei trägt wie die Leute hinter dem Zaun ihre Freikörper, eher noch freier, unverzäunt. Man wohnt hier, sagt man selber, im Sonnenbad.

Und am Johannistag heute blüht der Rainfarn. Tanacetum vulgare: doldentraubig angeordnete, strahlblütenlose, knopfförmige Blütenkörbchen, gelb übrigens, fiederteilige Blätter, harte, meterhohe Stengel, nach dem Verdorren als Verschluß beim Wurstmachen, früher jedenfalls, gebräuchlich, herb aromatisch: Rainfarn, vielverbreitet. Der unsichtbar macht, wie man sagt, allerdings nur heute, zu Johanni. Blüten in die Schuhe gestreut oder eine Dolde an die Mütze gesteckt: da könnte man sich an den Zaun stellen, ungesehen.

Die rosige Frau Schnetzkat, weich in den Formen. Oder Arne Eisermann, drahtig, kein Lot Fett am Leib, sportlich-trocken, ein verelendeter Hinterer. So was gäb's hier zu sehen.

Und da geht man weg. Ein Sträußchen am Hut, ungesehen, einfach nach Jakobsruhe, also stadtwärts, am Denkmal der preußischen Luise vorbei, der großfüßigen Landesmutter. Da hat man das Sandgelände hinter sich, die Wasserläufe mit den alten Schwänen und gleich auch den ganzen Park.

Straßen, die gerade und flach verlaufen, mehrgeschossige oder eingeschossige Häuser, Trottoire mit Steinplatten und Bordsteinen, eine Stadt, über die man nur immer sagt: Es ist wie vor hundert Jahren.

Angefangen hat man an dem einen Ende, das steht fest. Aber das andere Ende, wo ist das? Engelsberg, Schloßberg, Splitter oder Rennplatz, Preußen oder einfach Fletcherplatz, Luisenbrücke, Kleinbahn?

Muß man das andere Ende finden?

Ohne den Rainfarn an der Mütze oder in den Schuhen, denke ich, muß man es schon, aber mit dem Rainfarn und jetzt zu Johanni wohl nicht. Ungesehen, also allein – da gelangt man ans Ende nicht: Da hat man dann auch wohl niemals angefangen. Da ist man weit fort.

Ist es eigentlich sehr erheblich, was man sieht?

Und was sieht man?

Den Doktor Wilhelm Storost. Er kommt aus seinem

Haus gerannt, weil ein Windstoß seine Zettel vom Balkontisch geweht hat. Da fliegen sie, und da läuft er ihnen hinterher: seiner ganzen litauischen Geschichte, die er über den Tisch ausgebreitet hatte, mit Hunderten von Zetteln. Helft ihm, da ist vielleicht die litauische Geschichte in Gefahr.

Und hier, vor uns, wenn wir um die Kneipenecke herum sind, wo der Doktor Storost seine letzten Zettel aufliest, gegen einen weitläufigen Platz gestellt: das Rathaus mit Freitreppe und Turm, groß genug, einen vergessen zu lassen, daß sich dahinter der Platz in gleicher Breite fortsetzt, bis an den Strom.

Und rechter Hand die alte Apotheke, dahinter die Firma Raudies & Bugenings und die deutsche Kirche: getreppter Turm, viergeschossig, mit kupfernem Helm und doppelter Galerie, sehr schön, der Napoleon hat ihn mitnehmen wollen. Da stand er, weiß behost, auf einem Floß mitten im Strom, der Zar Alexander war auch da, und die gewisse Luise kam, mehr schon als anekdotisch, schon mehr legendär. Der Lastwagenfahrer vor der Einfahrt von Raudies & Bugenings kuppelt seinen Anhänger los und sagt Hahn-eng-ger zu ihm.

Der Herr dort, der Pfarrer Connor, braucht kein Sträußchen Rainfarn an den Hut und nichts in die Schuhe, denn er ist schon gestorben. Und er sollte hier fortbleiben. Wir kommen ja jetzt auf den nächsten Platz, da geht es auf die große eiserne Brücke zu. Die sich mit breiten, gemauerten Pfeilern und hochgewölbten Bögen anstrengt, die Pflasterstraße und die Kleinbahnschienen über den Strom hinüberzuschleppen, an den salutierenden deutschen und den grüßenden litauischen Zollbeamten vorbei.

Das geht recht gut. Aber jetzt haben sich einige Beamte weggedreht, zwei, drei bei den Deutschen, einige bei den

Litauern, und einige – bei den Deutschen – treten vor und reden böses Zeug, und auf die Brücke zu gehen ein paar Familien, Väter, Mütter, Kinder, mit ein paar Taschen und Körben, und können erst wieder stehnbleiben und atmen, wo Deutschland zu Ende ist.

Bleibt gesund, wollen wir sagen. Aber das können wir nicht.

Da schütteln wir unsere Schuhe aus und nehmen das Ästchen von der Mütze und werfen es in den Strom. Der Wind nimmt es eine kleine Windstrecke weit mit und läßt es leicht ins Wasser fallen. Da schwimmt es davon.

Ich will nicht unsichtbar sein, sagen wir uns, nicht ungesehen von den Leuten. Es ist nichts: Beobachter sein, der Beobachter sieht nichts.

Die Leute, die Familien, sind über die Hälfte der Brücke hinaus. Jetzt könnt ihr atmen, Leute.

Und da kommen noch mehr über den Platz.

Lauft, Leute, möchten wir sagen, und das könnten wir schon tun. Und den flotten Kerlen entgegentreten, die sich mit ihren Stiefeln und ihren Reden großtun, hinter den Familien her.

Aber wir haben das ja nicht getan. Nicht einmal das Sträußchen Rainfarn nahmen wir von der Mütze, um es fortzuwerfen. Der Strom hätte es schon gern mitgenommen. Der Strom ist nicht so. Er hätte schon noch ein bißchen gewartet.

WALTER KAPPACHER
ERSTE TAGE IM VALDARNO

~~~~~~~~~~~~~

Auf dem Heimweg im Finstern begleiten mich hunderte Glühwürmchen; sie kreisen in einer anscheinend gesetzmäßigen Choreographie mir voraus, ich brauche die Taschenlampe nicht einzuschalten. Nur am Brunnen mache ich Licht und sehe: jemand hat meinen vollen Kanister zugeschraubt und auf die Seite gestellt. Unheimlich dann der Moment, wenn der abfallende Pfad in den ebenen Platz einmündet und ich mich dem Haus nähere. Nur unmerklich hebt sich seine Silhouette vom schwarzen Nachthimmel ab. Ein merkwürdiges Gefühl, als sei ich nicht allein. Das Plätschern des Brunnens verstärkt meine Unsicherheit. Erst als ich die Tür aufgeschlossen habe und eintrete, löst sich die Verkrampfung. Ich zünde die Petroleumlampe an; in ihrem warmen Licht rundet sich die Kammer zu einer Höhle. Später steige ich mit Wasserglas und Zahnbürste noch einmal ins Freie, hocke mich ins Gras, das Gefühl der Beklemmung stellt sich nicht mehr ein. Grillen und Zikaden zirpen, exotische Vogelrufe tönen vom nahen Wald her. Vor dem Schlafengehen leuchte ich mit der Lampe die rissigen, abgeblätterten Kalkwände ab, töte etliche schwarze Spinnen, sehe eine Schar von Ameisen ihren Weg an der Wand herab ziehen, in eine Mauerspalte hinein.

Auf der Fahrt zum Einkaufen nach San Giustino beinahe einen Fiat 500 gerammt. Der Fahrer scherte plötzlich in die Straßenmitte aus, als ich zum Überholen ansetzte. Ich hupte heftig, er sah sich gelassen nach mir um, wechselte auf die rechte Fahrbahnseite zurück, er lenkte mit einer Hand, sah ich, nun auf gleicher Höhe mit ihm, die andere stocherte mit einem Hölzchen in seinem Mund herum, so als sitze er auf einem gemächlich dahintrabenden Esel.

Mit den beiden vollen Einkaufstaschen hinunter gehend zum Haus wäre ich beinahe auf eine schwarze Schlange getreten, die auf dem Grasstreifen in der Mitte des Weges lag. Sie schnellte so rasch über den Pfad die Böschung abwärts ins Brombeergestrüpp, daß ich nicht erkennen konnte: War es eine Viper oder eine Natter? Gewohnheitsmäßig trete ich in den Weg hereinwachsende Dornenzweige nieder. Es scheint so, als wüchsen sie nach jedem Regen gleich um zehn, fünfzehn Zentimeter.

Abends, als ich eben die Schuhe anzog, um nach Gello zu gehen, hörte ich Kinder den Weg herunterkommen. Bedingt durch die Lage zwischen den beiden Talschrägen versteht man auf Cerreto jedes Wort, das Besucher reden, wenn sie die Zufahrt heruntergehen, auch wenn sie noch 300 Meter entfernt sind. Es waren Alessio und Carla. Sie brachten mir eine Korbflasche mit Wein. Der Papa lasse grüßen, zum Essen könne ich heute nicht kommen, er habe sich am Bau schwer verletzt, das Bein; Dante habe ihn nach Arezzo ins Krankenhaus gefahren.

Wieder wache ich sehr früh auf. Das Wildschwein hatte gebrüllt, ganz nah, gleich danach preschten zwei Tiere durchs Gesträuch, es klang, als würden Dutzende dünne Baumstämmchen geknickt. Beschloß mit einemmal, aufzustehen und nach Arezzo zu fahren, ohnehin ist die Gasflasche fast leer. Wenn ich die Stadt erreichte, ehe der Pendlerverkehr einsetzte, fände sich vielleicht ein Parkplatz im Zentrum und ich brauchte die schwere Kartousche nicht bis zur Porta San Clemente zu tragen. Leichter Morgennebel, als ich in die Ebene hinunterkam, auch die Stadt, der ich mich durch die häßliche Industriezone nähere, im Dunst. Nur der Dom auf dem Gupf ragte scharf umrissen hervor. Ich ließ den Wagen auf dem Domplatz stehen und spazierte, vorbei an der Casa Petrarca, den Corso hinunter. Alle Läden sind noch geschlossen. In einer Bar trinke ich einen Cappuccino, esse einen Krapfen, dann trete ich ins Innere von San Francesco, statte den Fresken einen Besuch ab, vor allem dem isoliert auf einem der sonst völlig abgeschabten, verwitterten Pfeiler verbliebenen Bildnis des Erzengels Michael. Wie viele Köpfe Piero della Francescas strahlt dieses Antlitz die Feierlichkeit der frühen griechischen Plastik aus. Auch in den Straßen Arezzos, wenn Schulmädchen und Knaben vorbeialbern, meine ich manchmal solche Gesichter zu sehen. Ich spaziere ziellos herum. Abscheulich der Autoverkehr, die engen Gassen sind beiderseits von parkenden Wagen verstellt, und in dem freibleibenden schmalen Mittelstreifen rasen, kaum schallgedämpft, Autos und Motorräder. Gegen halb elf wird der Gestank der Abgase in der sich immer mehr erhitzenden Luft so unerträglich, daß ich rasch meine Einkäufe besorge und die Stadt verlasse.

Morgens, ich liege noch im Bett, höre ich meinen Namen rufen. Ich drücke das Ende des Moskitonetzes aus dem Spalt zwischen Lattenrost und Matratze, steige aus dem Bett und öffne im Nebenzimmer den Laden. Ein Mann um die sechzig steht vor dem Haus, in der einen Hand eine Machete, in der anderen eine Sichel und einen gegabelten Stock. Pepe. Ich hatte neulich Carlo um jemanden gefragt, der den Dornenwall, welcher den Eingang zum großen Stall hinter dem Haus unzugänglich macht, entfernt, auch die Dornenbüsche auf der ersten Terrasse, neben den Olivenbäumen. Die Sträucher müssen samt den Wurzeln gerodet werden, sonst wachsen sie sofort wieder nach. Ich öffne die Tür, begrüße Pepe, ziehe mich an, zeige ihm das Terrain. Er spricht harten Dialekt, ich verstehe nicht alles. Da heute also jemand in der Nähe ist, wage ich es, aufs Dach zu steigen, um die Ziegel von Schwamm, Moos und Sand zu reinigen. Viele Dachziegel sind schadhaft; kein Wunder, daß es an einigen Stellen heruntertröpfelt. Mittags frage ich Pepe, ob er hereinkommen wolle ins schattige Vorzimmer, wo ich eine Art Tisch angefertigt habe aus zwei Holzschrägen und der flachen Tür, die sich in einem der Ställe befand. Nein, er verzehre sein Essen draußen. Er stapelt drei Ziegel im Schatten an der Hausmauer auf und setzt sich, packt sein Essen aus der Tasche. Nachdem ich gegessen habe, geselle ich mich zu ihm, hocke mich mit dem Weinglas auf die Erde. Als ich ausgetrunken habe, gießt er mir von seinem Wein ein. Dieser schmeckt sogar noch besser. Er sagt, er weigere sich, seine Trauben mit denen anderer Bauern zu vermischen, er keltere mit seinem Bruder zusammen seinen Wein selbst. Er habe sein Leben lang als Taglöhner gearbeitet, genauso wie sein Bruder Cesare, der ebenfalls Junggeselle geblieben sei; beide hätten sie gespart und gespart und sich vor fünf Jahren einen alten Hof mit 8 Hektar Grund gekauft, drunten bei San Giustino. So eine Arbeit wie heute bei dir, sagt er, tue ich jetzt nur noch selten. Er habe keine großen Ansprüche ans Leben, aber der Wein müsse in Ordnung sein, das Öl, die Pfirsiche, der Schafkäse. Das gekaufte Zeug sei ungenießbar. Er gibt mir getrocknete kleine Apfelstücke, ich kaue sie, lasse sie im Mund zergehen, und das wunderbare Aroma scheint sich in meinem Körper auszubreiten. Als dann auch er fragt, ob ich keine Angst hätte, ganz allein hier, nachts, muß ich lachen. Ob ich keine Braut habe. Allein zu leben sei nicht angenehm. Er habe in seinen jungen Jahren nicht daran denken können, zu heiraten. Ich sage, die Mädchen graulten sich vor den Mäusen und Spinnen, erst müsse das Haus innen renoviert werden. Am Abend liegen große Bündel von eingerolltem Dornendickicht ums Anwesen herum; ich helfe ihm, sie mit der Gabel auf die Wiese vor dem Haus zu schleppen, es wird ein mächtiger Haufen. Bevor er geht, sagt er, er komme morgen um halb sieben, dann würden wir das Zeug verbrennen. Es müsse ganz früh geschehen, solange das Gras noch naß sei, sonst: pfft!, und er deutet mit den Händen an, daß ein einziger Funke genüge, um die ganze Gegend abbrennen zu lassen. In der Küche finde ich dann in einer Mausefalle einen Skorpion; mechanisch bewegt er noch die eine unversehrte Schere.

Wieder auf dem Dach. Unter einem Ziegel höre ich Hornissen summen; ich hüte mich, ihn abzunehmen. Abends bin ich vom stundenlangen Hocken krumm und erschöpft. Ohnehin endet der Tag für mich mit dem Dunkelwerden. Da die Sonne hinter dem Hügel der gegenüberliegenden Talsenke untergeht, wird es selbst jetzt, Anfang Juni, gegen halb neun dunkel. Als es schon dämmert, kommt Carlo den Weg herunter, humpelt näher, bleibt wie immer zehn Schritte vom Haus entfernt stehen und ruft mich. Er hat einen Brief für mich, stützt sich auf den Stock. Seinem Fuß gehe es schon besser. Ich schelte ihn, daß er wegen des Briefes den weiten Weg machte, zeige aber auch meine Freude, denn ich hatte diesen Brief kaum erhofft; Carlo konnte nicht ahnen, wie wichtig er mir ist. Komm, ich begleite dich zurück nach Gello, sage ich zu ihm, rieche an dem Brief und stecke ihn in die Hemdtasche. Die Haustür kann offen bleiben. Er erzählt im Gehen – immer wieder läßt er sein Bein ein wenig ausruhen –, daß sein Vater als lediges Kind einer Magd auf Cerreto geboren worden sei und daß damals in dem kleinen Anwesen 12 Knechte gehaust hätten. Vor dem Morgengrauen seien die *contadini* auf die Felder und Terrassen und Hänge gegangen, und erst in der Dämmerung zurückgekehrt, zum Schlafen. Als wir Gello erreichen, ist es völlig dunkel. Das erste Haus ist das von Ettore. Durch das geöffnete Fenster sieht man in die Küche. Wir grüßen und werden sofort ins Haus gebeten. Ich wollte eigentlich umkehren, lasse mich aber von Carlo ins Haus ziehen. Wir kriegen Stühle hingestellt, ein Weinglas in die Hand gedrückt. Die Frau walkt auf dem Tisch einen Nudelteig aus, die mollige, bebrillte Tochter strickt. Carlo erwähnt, daß ich gerne einige Flaschen Wein kaufen wollte, ich erwarte Besuch. Ettore verschwindet in der Speisekammer und bringt vier Korbflaschen, stellt sie vor mir auf den Boden. Was sie kosteten? Ettore wehrt ab, als sei das ganz unwichtig. Zahl ihm, wenn du die leeren Flaschen bringst, sagt Carlo. Ich lobe den Wein, den ich grade trinke; Ettore nickt erfreut. Die Tochter kommt mit einem Pullover ohne Ärmel, spricht mich an; ich verstehe sie nicht. Ob du einmal hineinschlüpfen könntest, übersetzt mir Carlo, ihr Verlobter hat eine ähnliche Statur wie du. Piamaria errötet, ich tue ihr den Gefallen und alle lachen. Ich hab's nicht mehr eilig. Ein alter Nachbar, Straßenarbeiter, kommt herein, setzt sich an den Kamin, auch ihm wird Wein eingeschenkt. Ich beobachte, wie Ettore mit einem zusammengerollten Stück Zeitungspapier die Ölschicht aus dem Hals einer Korbflasche entfernt, die er geöffnet hat. Es ist Carlo, der dann plötzlich aufbrechen will, er müsse was zum Essen herrichten, seine Kinder seien heute bei ihm. Ich gehe mit, zwei der Korbflaschen lasse ich in seiner Küche, sitze dann noch zehn Minuten auf der Hausbank. Die Nachbarn, meist Maurer, kommen einer nach dem anderen aus ihren Wohnstuben die Treppe herunter – die kleinen Häuser sind Mauer an Mauer gebaut, begrenzen den Platz, auf dem kaum ein Wagen wenden könnte –, schließen ihre ebenerdig zur Piazetta gelegenen Kellertüren auf und kommen nach einer Weile mit einer Flasche Rotwein wieder. Aus den

Fenstern hört man die Frauen mit Geschirr klappern und Fernsehnachrichten.

Der Treffpunkt der Jungen ist beim Müllcontainer, am Ortseingang. Der, welcher den schnittigsten Wagen hat, einen alten Alfa, Lancia oder Fiat-Sport, sitzt in seinem Auto, hat das Radio eingeschaltet, und die übrigen stehen um den Wagen herum oder hocken auf einem Moped, unterhalten, necken sich; der im Wagen streckt den Arm heraus, streift die Asche von seiner Zigarette, mit der anderen Hand kratzt er sich wohlig die behaarte Brust. Ein Rentner mit grauer Gesichtsfarbe, schmuddeliger Mütze auf dem Kopf, steht dabei, eine Zigarette im Mund, hustet ab und zu; die Jungen beachten ihn nicht.

Sommerliche Hitze. Gegen 11 Uhr beuge ich mich aus dem Küchenfenster, um zwei verdorbene Tomaten ins Gestrüpp zu werfen. Eine lange dunkelgrüne Schlange flitzt an der Mauer unter der Küche entlang, verbirgt sich weiter hinten, neben der Stallöffnung in dem Unkraut; dort habe ich es noch nicht mit der Sichel entfernt. Ich bin wütend, weil sie mich erschreckt hat, schmeiße einen Ziegel, der auf dem Boden liegt, nach ihr, verfehle sie knapp, sie flüchtet in das große Stallgewölbe, wo lauter altes Gerümpel liegt. Eine halbe Stunde später beuge ich mich ganz langsam aus dem Küchenfenster, da sehe ich, wie sich die dicke, etwa 70 cm lange Natter mit der Hälfte ihrer Länge aus einem Spalt des Gemäuers schräg unterhalb des Küchenfensters hängen läßt und sonnt. Als ich mich weiter hinausbeuge, zieht sie sich zurück in den Spalt der Hausmauer. Insgeheim bitte ich sie nun um Verzeihung für das Attentat und will ihr Wohnrecht im Gemäuer nicht mehr antasten.

Eine Woche ist vergangen. Die wenigen Küchengeräte und Gebrauchsgegenstände haben ihren festen Platz; ich irre nicht mehr suchend herum, wenn ich etwas brauche.

Die eingekauften Lebensmittel hängen im kühlen Keller in Plastiksäcken von den Balken. Ich habe mich eingewöhnt, eingelebt; der Sommer kann beginnen.

MAX DAUTHENDEY
JOHANNISFEUER

Auf den Bergen reiten Feuer,
Werfen sich wie Ungeheuer
In die Nachtluft, in den Raum.
Flammen stehen hell als Baum,
Rote Flügel sich entfachen,
Aus den Bergen fliegen Drachen,
Nichts hält mehr den Berg im Zaum.
Flammen sich wie Lieder wiegen –
Sonne hat die Nacht erstiegen.

GERTRUD KOLMAR
JUNILIED

Meine Hand streicht übers Korn;
Silberblondes Rauschen weht:
Läute, läute, liebe Glocke,
Die in meinem Herzen geht.

Jauchze jedem frohen Tag
Wie der Vogelruf im Ried,
Decke alle heißen Tränen
Zu mit einem dunklen Lied.

All mein Tun in schönstem Klang,
Der sich liebem Freunde bringt –
Läute, läute, goldne Glocke,
Die mit meinem Leben schwingt!

PETER HUCHEL
LÖWENZAHN

Fliegen im Juni auf weißer Bahn
flimmernde Monde vom Löwenzahn,
liegst du versunken im Wiesenschaum,
löschend der Monde flockenden Flaum.

Wenn du sie hauchend im Winde drehst,
Kugel auf Kugel sich weiß zerbläst,
Lampen, die stäubend im Sommer stehn,
wo die Dochte noch wolliger wehn.

Leise segelt das Löwenzahnlicht
über dein weißes Wiesengesicht,
segelt wie eine Wimper blaß
in das zottige wogende Gras.

Monde um Monde wehten ins Jahr,
wehten wie Schnee auf Wange und Haar.
Zeitlose Stunde, die mich verließ,
da sich der Löwenzahn weiß zerblies.

KARL KROLOW
JUNIHIMMEL

Blaues, kubisches Haus –
Junihimmel.

Rosen und Staub
leben unter seinem Schutz.

Der bewußtlose Körper
der Wärme nimmt
Bedeutung an –
fleischliches Modell.

Euklidische Klarheit –
Spannung zwischen Licht
und Augapfelfarbe.

Die Anziehungskraft
der Schatten wächst.

Ihre Identität
mit einem unterdrückten
Wort.

VOLKER BRAUN
HINGEBUNG

Wie der Sommer kommt!
Die Abende sind warm und lang.
Ich bin ganz ruhig. Wir sitzen im Gesträuch
Reden uns aus uns heraus.
In seinen Gedanken plötzlich
Finde ich meine.

Die Wiesen liegen in ihrem Duft
Der strömt durch uns durch.
Die Bäume stehen in seltsamen Gruppen
Wie Liebende. Sie werden ganz dunkel.
Ich küß ihn, er küßt mich vom Fuß zur Stirn
Meinen ganzen Leib
Nehm ich nun ein.

Alle Natur
Ist mit dem gleichen beschäftigt.
Das zu denken ist schon.
Ich geb mich ihm hin
Und gehör doch mir. Nach meinem Sinn
Geht nun mein Tag.

KALENDERBLATT
JUNI

Der Juni ist ein Monat der Feiertage: Himmelfahrt, Fronleichnam. Johannistag ist der Tag der Sonnenwende, den man mit Johannisfeuern und vielen anderen Bräuchen begeht.

Als der Pfingsttag gekommen war, befanden sich alle am gleichen Ort. Da kam plötzlich vom Himmel her ein Brausen, wie wenn ein heftiger Sturm daherfährt, und erfüllte das ganze Haus, in dem sie waren. Und es erschienen ihnen Zungen wie von Feuer, die sich verteilten; auf jeden von ihnen ließ sich eine nieder. Alle wurden mit dem Heiligen Geist erfüllt und begannen, in fremden Sprachen zu reden, wie es der Geist ihnen eingab.
Apostelgeschichte 2, 1–4.

Sprüche

Sonnawend, Sonnawend,
Daß mich nit's Feuer brennt,
Daß ich bald z'heirate kumm,
Drum tanz ich um.

Glühn Johanniswürmchen helle
schöner Juni ist zur Stelle.

Der Kuckuck kündet teure Zeit,
wenn er nach Johanni schreit.

Menschen und Juniwind
ändern sich geschwind.

ANGELUS SILESIUS
HIMMELFAHRT

Nun fähret auf Marien Sohn
In Gottes und auch seinen Thron,
Er triumphieret wie ein Held,
Der alle Feinde hat gefällt.
Seid fröhlich, ihr Himmel,
Macht heilges Getümmel,
Eröffnet die Pforten
Mit jauchzenden Worten,
Laßt eure Trompeten aufs kräftigste hören,
Auf daß ihr empfahet den König der Ehren.

Er zeucht nun herrlich bei euch ein
Und bringt euch neuen Glanz und Schein;
Er bringet euch mit Göttlichkeit
Die menschliche Natur bekleidt.
Ihr könnet nu sehen,
Was vor nie geschehen,
Des Menschen Sohn sitzen
Im ewigen Blitzen,
Regiern und beherrschen mit Gotte zugleiche
Der ewigen Herrlichkeit ewige Reiche.

Betrübet euch, mein Augen, nicht,
Daß euch der liebste Schatz entbricht.
Es wird in kurzem bald geschehn,
Daß ihr ihn werdet wieder sehn.
Er will nur beizeiten
Die Bleibstatt bereiten,
In der er mit Freuden

Uns ewig wird weiden.
Bald wird er mit tausendmal Tausenden kommen
Viel herrlicher, als er jetzt Abschied genommen.

Ehr sei dir, Jesu, ewiglich,
Der du so auffährst wunderlich.
Zeuch auch mein Herz hinauf zu dir,
Daß es erhöht sei für und für.
Auf daß ich mit Wonne
Dir, ewige Sonne,
Am Ende der Erden
Mag zugetan werden
Und immer und ewig, im Himmel erhaben,
Mit deinen Verdiensten mich freuen und laben.

KONRAD WEISS
PFINGSTMORGEN

Ich bin erwacht, mein Sinn ist stark,
was pocht das Herz zum Tage karg
mit offenbarer Mühe,
was schmerzt mich in der süßen Frühe,
es drängt – o dränge es ins tiefste Mark
der Seele in den Zeiten alt –
das Frühlicht wie mit Sturmgewalt
mich in gebrochne Kniee.

Des Himmels Brand wie Feuers Schur
bricht Furchen in die alte Spur,
die schollenharte hohe,
weich aus, was will die bitter frohe,

die blasse Seele vor der Sonne nur,
die immer wieder um sie kreist,
hier hält kein Grund, es flammt der Geist
auf zu Gewitterlohe.

Da ist das allgewisse Licht
versammelt, wenn der Tag anbricht,
geh hin, du Seele bleiche,
die Schwester suche, ihr dich gleiche,
sie hält und läßt noch nicht das dürre, flicht
es in das junge grüne Blatt,
wie bist du schön, in Demut satt,
du zaghaft hohe Eiche!

Wie wurde sie des Segens still,
wo alles sich nun regen will,
wie wuchs sie auf vom Grunde,
sie voller Wehr und voller Wunde?
Vergangnes laß, doch wie das Blatt verfiel,
sie hielt, empfangen unverwandt
von einer in die andre Hand,
die Gabe ihrer Stunde.

Sie still, da in die Sonne flog,
wie Schnäbel sich zum Öffnen bog
als wie von Vogelscharen
die Knospenbrut, was offenbaren
will sie, die winterlängsten Kummer sog,
ihn lichtwärts trug als dunklen Strom:
Ich bin nicht eine, bin der Dom
der Dinge, irdisch wahren.

Die feierliche Stille bebt,
die hohen Bäume rings belebt,

die Eschen wie mit Lanzen
zum Reigen stark, zum frühlingsganzen,
wer schüttelt ihn, daß jede Zier sich hebt,
du mußt – ach, höbest du den Schmuck,
auf ihrem Grunde liegt genug –
mußt mit der Seele tanzen.

O Jungfrau, stetes Paradies,
du zaghaft nimmer im Verlies,
daß ich dir nahen werde,
mein Kummer inner aller Erde,
ich schwinge dich, du schwingst um mich dein Vlies,
ich lege auf dich meinen Mund,
die ganze Erde ist dein Grund,
und du bist meine Härte.

GEORG HEYM
FRONLEICHNAMSPROZESSION

O weites Land des Sommers und der Winde,
Der reinen Wolken, die dem Wind sich bieten.
Wo goldener Weizen reift und die Gebinde
Des gelben Rockens trocknen in den Mieten.

Die Erde dämmert von den Düften allen,
Von grünen Winden und des Mohnes Farben,
Des schwere Köpfe auf den Stielen fallen
Und weithin brennen aus den hohen Garben.

Des Feldwegs Brücke steigt im halben Bogen,
Wo helle Wellen weiße Kiesel feuchten.
Die Wassergräser werden fortgezogen,
Die in der Sonne aus dem Bache leuchten.

Die Brücke schwankt herauf die erste Fahne.
Sie flammt von Gold und Rot. Die Seidenquasten
Zu beiden Seiten halten Kastellane
Im alten Chorrock, dem von Staub verblaßten.

Man hört Gesang. Die jungen Priester kommen.
Barhäuptig gehen sie vor den Prälaten.
Zu Flöten schallt der Meßgesang. Die frommen
Und alten Lieder wandern durch die Saaten.

In weißen Kleidchen kommen Kinder singend.
Sie tragen kleine Kränze in den Haaren.
Und Knaben, runde Weihrauchkessel schwingend,
Im Spitzenrock und roten Festtalaren.

Die Kirchenbilder kommen auf Altären.
Mariens Wunden brennen hell im Licht.
Und Christus naht, von Blumen bunt, die wehren
Die Sonne von dem gelben Holzgesicht.

Im Baldachine glänzt des Bischofs Krone.
Er schreitet singend mit dem heiligen Schrein.
Der hohe Stimmenschall der Diakone
Fliegt weit hinaus durch Land und Felderreih'n.

Der Truhen Glanz weht um die alte Tracht.
Die Kessel dampfen, drin die Kräuter kohlen.
Sie ziehen durch der weiten Felder Pracht,
Und matter glänzen die vergilbten Stolen.

Der Zug wird kleiner. Der Gesang verhallt.
Sie ziehn dahin, dem grünen Wald entgegen.
Er tut sich auf. Der Glanz verzieht im Wald,
Wo goldne Stille träumt auf dunklen Wegen.

Der Mittag kommt. Es schläft das weite Land,
Die tiefen Wege, wo die Schwalbe schweift,
Und eine Mühle steht am Himmelsrand,
Die ewig nach den weißen Wolken greift.

THEODOR KRAMER
WIEN, FRONLEICHNAM 1939

Wenige waren es, die Stellung nahmen
unterm Himmel, um zur Stadt zu gehn;
als sie singend ihres Weges kamen,
blieben viele auf den Steigen stehn.

Schütter quoll der Weihrauch und die Reiser
längs der Straße standen schier entlaubt;
klagend sang der kleine Chor sich heiser
und das Volk entblößte still das Haupt.

Manche kannten nur vom Hörensagen
noch den Umgang; doch dem baren Haar
tat es wohl, daß selbst in diesen Tagen
irgend etwas manchen heilig war.

Und indessen sie dem Zug nachstarrten,
salzigen Auges, Mannsvolk, Weib und Kind,
schwenkten aus den Fenstern die Standarten
alle das verbogne Kreuz im Wind.

ADALBERT STIFTER
– UND IMMER SCHÖNERE TAGE KAMEN
UND SCHÖNERE

Wohl kam Pfingsten näher und näher, aber zu der Schwüle, die unbekannt und unsichtbar über des Jünglings Herzen hing, gesellte sich noch eine andere, über dem ganzen Dorfe drohend, ein Gespenst, das mit unhörbaren Schritten nahte; – nämlich jener glänzende Himmel, zu dem Felix sein inbrünstiges Auge erhoben, als er jene schwere Bitte abgesandt hatte, jener glänzende Himmel, zu dem er vielleicht damals ganz allein emporgeblickt, war seit der Zeit wochenlang ein glänzender geblieben, und wohl hundert Augen schauten nun zu ihm ängstlich auf. Felix, in seiner Erwartung befangen, hatte es nicht bemerkt; aber eines Nachmittags, da er gerade von der Haide dem Dorfe zuging, fiel ihm auf, wie denn heuer gar so schönes Wetter sei; denn eben stand über der verwelkenden Haide eine jener prächtigen Erscheinungen, die er wohl öfters, auch in morgenländischen Wüsten, aber nie so schön gesehen, nämlich das Wasserziehen der Sonne: – aus der ungeheuren Himmelsglocke, die über der Haide lag, wimmelnd von glänzenden Wolken, schossen an verschiedenen Stellen majestätische Ströme des Lichtes, und, auseinanderfahrende Straßen am Himmelszelte bildend, schnitten sie von der gedehnten Haide blendend goldne Bilder heraus, während das ferne Moor in einem schwachen milchichten Höhenrauche verschwamm.

So war es dieser Tage oft gewesen, und der heutige schloß sich wie seine Vorgänger; nämlich zu Abends war der Himmel gefegt und zeigte eine blanke, hochgelb schimmernde Kuppel.

Felix ging zu der Schwester, und als er spät abends in sein Haus zurückkehrte, bemerkte er auch, wie man im Dorfe geklagt, daß die Halme des Kornes so dünne standen, so zart, die wolligen Ähren pfeilrecht empor streckend, wie ohnmächtige Lanzen.

Am andern Tage war es schön, und immer schönere Tage kamen und schönere.

Alles und jedes Gefühl verstummte endlich vor der furchtbaren Angst, die täglich in den Herzen der Menschen stieg. Nun waren auch gar keine Wolken mehr am Himmel, sondern ewig blau und ewig mild lächelte er nieder auf die verzweifelnden Menschen. Auch eine andere Erscheinung sah man jetzt oft auf der Haide, die sich wohl früher auch mochte ereignet haben, jedoch von niemand beachtet; aber jetzt, wo viele tausend und tausend Blicke täglich nach dem Himmel gingen, wurde sie als unglückweissagender Spuk betrachtet: nämlich ein Waldes- und Höhenzug, jenseits der Haide gelegen und von ihr aus durchaus nicht sichtbar, stand nun öfters sehr deutlich am Himmel, daß ihn nicht nur alles sah, sondern daß man sich die einzelnen Rücken und Gipfel zu nennen und zu zeigen vermochte – und wenn es im Dorfe hieß, es sei wieder zu sehen, so ging alles hinaus und sah es an, und es blieb manchmal stundenlang stehen, bis es schwankte, sich in Längen- und Breitenstreifen zog, sich zerstückte, und mit eins verschwand.

Die Haidelerche war verstummt; aber dafür tönte den ganzen Tag und auch in den warmen, taulosen Nächten das ewige einsame Zirpen und Wetzen der Heuschrecken über die Haide und der Angstschrei des Kiebitz. Das flinke Wässerlein ging nur mehr wie ein dünner Seidenfaden über die graue Fläche, und das Korn und die Gerste im Dorfe standen fahlgrün und wesenlos in die Luft und erzählten bei jedem Hauche derselben mit leichtfertigem Rauschen ihre innere Leere. Die Baumfrüchte lagen klein und mißreif auf der Erde, die Blätter waren staubig, und von Blümlein war nichts mehr auf dem Rasen, der sich selber wie rauschend Papier zwischen den Feldern hinzog.

Es war die äußerste Zeit. Man flehte mit Inbrunst zu dem verschlossenen Gewölbe des Himmels. Wohl stand wieder mancher Wolkenberg tagelang am südlichen Himmel, und nie noch wurde ein so stoffloses Ding wie eine Wolke von so vielen Augen angeschaut, so sehnsüchtig angeschaut, als hier – aber wenn es Abend wurde, erglühte der Wolkenberg purpurig schön, zerging, lösete sich in lauter wunderschöne zerstreute Rosen am Firmamente auf, und verschwand – und die Millionen freundlicher Sterne besetzten den Himmel.

So war der Freitag vor Pfingsten gekommen; die weiche, blaue Luft war ein blanker Felsen geworden. Vater Niklas war nachmittags über die Haide gekommen, das Bächlein war nun auch versiegt, das Gras bis auf eine Decke von schalgrauem Filze verschwunden, nicht Futter gebend für ein einzig Kaninchen; nur der unverwüstliche und unverderbliche Haidesohn, der mißhandelte und verachtete Strauch, der Wacholder, stand mit eiserner Ausdauer da, der einzige lebhafte Feldbusch, das grüne Banner der Hoffnung; denn er bot freiwillig gerade heuer eine solche Fülle der größten blauen Beeren, so überschwenglich, wie sich keines Haidebewohners Gedächtnis entsinnen konnte. – Eine plötzliche Hoffnung ging in Niklas' Haupte auf, und er dachte als Richter mit den Ältesten des Dorfes darüber zu raten, wenn es nicht morgen oder übermorgen sich änderte. Er ging weit und breit und betrachtete die Ernte, die keiner gesäet, und auf die keiner gedacht, und er fand sie immer ergiebiger und reicher, sich, weiß Gott, in welche Ferne erstreckend – aber da fielen ihm die armen tausend Tiere ein, die dadurch werden in Notstand versetzt sein, wenn man die Beeren sammle: allein er dachte, Gott der Herr wird ihnen schon eingeben, wohin der Krammetsvogel fliegen, das Reh laufen müsse, um andere Nahrung zu finden.

Da er heimwärts in die Felder kam, nahm er eine Scholle und zerdrückte sie, aber sie ging unter seinen Händen wie Kreide auseinander – und das Getreide, vor der Zeit Greis, fing schon an, sich zu einer tauben Ernte zu bleichen. Wohl standen Wolken am Himmel, die in langen milchweißen Streifen tausendfasrig und verwaschen die Bläue durchstreiften, sonst immer Vorboten des Regens; aber er traute ihnen nicht, weil sie schon drei Tage da waren, und immer wieder verschwanden, als würden sie eingesogen von der unersättlichen Bläue. Auch manch anderer Hausvater ging händeringend zwischen den Feldern, und als es Abend geworden und selbst zerstückte Gewitter um den Rand des Horizontes standen und sich gegenseitig Blitze zusandten, – sah ein von der Stadt heimfahrender Bauer selbst die halbgestorbene Großmutter mitten im Felde knien und mit emporgehobenen Händen beten, als sei sie durch die allgemeine Not zu Bewußtsein und Kraft gelangt, und als sei sie die Person im Dorfe, deren Wort vor allen Geltung haben müsse im Jenseits.

Die Wolken wurden dichter, aber blitzten nur und regneten nicht.

Wie Vater Niklas zwischen die Zäune bog, begegnete er seinem Sohne, und siehe, dieser ging mit traurigem Angesichte einher, mit weit traurigerem, als jeder andere im Dorfe.

»Guten Abend, Felix«, sagte der Vater zu ihm, »gibst du denn die Hoffnung ganz auf?«

»Welche Hoffnung, Vater?«

»Gibt es denn eine andere als die Ernte?«

»Ja, Vater, es gibt eine andere; – die der Ernte wird in Erfüllung gehen, die andere nicht. Ich will es Euch sagen, ich selber habe etwas für Euch und das Dorf getan. Ich habe zu den Obrigkeiten der fernen Hauptstadt geschrieben und ihnen den Stand der Dinge gemeldet; ich habe Freunde dort, und manche haben mich lieb gehabt, – sie werden Euch helfen, daß Ihr keinen Hauch von Not empfinden sollet, und auch ich werde so viel helfen, als in meiner Kraft ist. Aber tröstet Euch und tröstet das Dorf: alle Hilfe von Menschen werdet Ihr nicht brauchen; ich habe den Himmel und seine Zeichen auf meinen Wanderungen kennen gelernt, und er zeigt, daß es morgen regnen werde. – Gott macht ja immer alles, alles gut, und es wird auch dort gut sein, wo er Schmerz und Entsagung sendet.«

»Möge dein Wort in Erfüllung gehen, Sohn, daß wir zusammen glückliche Festtage feiern.«

»Amen«, sagte der Sohn, »ich begleite Euch zur Mutter; wir wollen glückliche Festtage feiern.«

Pfingstsamstags-Morgen war angebrochen, und der ganze Himmel hing voll Wolken; aber noch war kein Tropfen gefallen. So ist der Mensch. Gestern gab jeder die Hoffnung der Ernte auf, und heute glaubte jeder, mit einigen Tropfen wäre ihr geholfen. Die Weiber und Mägde standen auf dem Dorfplatze und hatten Fässer und Geschirr hergebracht, um, wenn es regne und der Dorfbach sich fülle, doch auch heuer, wie sonst, ihre Festtagsreinigungen vornehmen zu können und feierliche Pfingsten zu halten. Aber es wurde Nachmittag, und noch kein Tropfen war gefallen, die Wolken wurden zwar nicht dünner – aber es kam auch Abend, und kein Tropfen war gefallen.

Spät nachts war der Bote zurückgekommen, den Felix in die Stadt zur Post gesendet, und brachte einen Brief für ihn. Er lohnte den Boten, trat, als er allein war, vor die Lampe seines Tisches und entsiegelte die wohlbekannte Handschrift:

›Es macht mir vielen Kummer, in der Tat, schweren Kummer, daß ich Ihre Bitte abschlagen muß. Ihre selbstgewählte Stellung in der Welt macht es unmöglich, zu willfahren; meine Tochter sieht ein, daß es so nicht sein kann, und hat nachgegeben. Sie wird den Sommer und Winter in Italien zubringen, um sich zu erholen, und sendet Ihnen durch mich die besten Grüße. Sonst Ihr treuer, ewiger Freund.‹

Der Mann, als er gelesen, trat mit schneebleichem Angesichte und mit zuckenden Lippen von dem Tische weg – an den Wimpern zitterten Tränen vor. Er ging ein paarmal auf und ab, legte endlich das erhaltene Schreiben langsam auf den Tisch, schritt mit dem Lichte gegen einen Schrein, nahm ein Päckchen Briefe heraus, legte sie schön zusammen, umwickelte sie mit einem feinen Umschlage und siegelte sie zu – dann legte er sie wieder in den Schrein.

»Es ist geschehen«, sagte er atmend, und trat ans Fenster, sein Auge an den dicken, finstern Nachthimmel legend. Unten stand ein verwelkter Garten – die Haide schlummerte – und auch das entfernte Dorf lag in hoffnungsvollen Träumen.

Es war eine lange, lange Stille.

»Meine selbstgewählte Stellung«, sagte er endlich sich emporrichtend – und im tiefen, tiefen Schmerze war es wie eine zuckende Seligkeit, die ihn lohnte. Dann löschte er das Licht aus und ging zu Bette.

Des andern Morgens, als sich die Augen aller Menschen

öffneten, war der ganze Haidehimmel grau, und ein dichter, sanfter Landregen träufelte nieder.

Alles, alles war nun gelöset; die freudigen Festgruppen der Kirchgänger rüsteten sich, und ließen gern das köstliche Naß durch ihre Kleider sinken, um nur zum Tempel Gottes zu gehen und zu danken – auch Felix ließ es durch seine Kleider sinken, ging mit und dankte mit, und keiner wußte, was seine sanften, ruhigen Augen bargen.

So weit geht unsere Wissenschaft von Felix, dem Haidebewohner. – Von seinem Wirken und dessen Früchten liegt nichts vor: aber sei es so oder so – trete nur getrost dereinst vor deinen Richter, du reiner Mensch, und sage: »Herr, ich konnte nicht anders, als dein Pfund pflegen, das du mir anvertraut hast«, und wäre dann selbst dein Pfund zu leicht gewesen, der Richter wird gnädiger richten als die Menschen. Aus: Das Haidedorf

FRANZ HESSEL
PFINGSTEN 1896

Das Schönste war die Erwartung. Sekundaner war ich und in festlicher Stimmung, nicht nur wegen der Feier- und Ferientage. Ich hatte das Pfingstkapitel der Apostelgeschichte zum ersten Mal griechisch gelesen und das wunderbare Wort γλωσσολαλεῖν, ›in Zungen reden‹, mit junger Innigkeit geliebt.

Auch im Hause bereitete das Fest sich vor. Unser Mädchen, die kräftige, muntere Toni, deren Nähe mich oft mehr beschäftigte, als ich mir einzugestehen wagte – denn mit Bewußtsein liebte ich ein zartes Fräulein unseres Kreises verehrerisch von ferne –, die Toni also hatte ihre neuen weißleinenen Schnürschuhe mit einer kreidigen Masse eingerieben und ins sonnenoffene Küchenfenster gestellt. Die wollte sie zu Pfingsten tragen, wenn sie mit ihrem Schatz ausging. Hoffentlich bekam er Urlaub: er war bei der Marine, mußte von Kiel herkommen nach Berlin, es konnte allerhand Hindernisse geben. Aber wenn er kam, dann würde sie in diesen schönen, damals modernen Schuhen mit ihm ausgehen und dazu den großen neuen Strohhut aufsetzen.

Ich aber, wenn alles nach Wunsch ging, hatte Aussicht, an einem Ausflug befreundeter Familien teilzunehmen, den auch sie, die ich verehrte, wahrscheinlich mitmachen würde. Es war noch nicht entschieden, ob eine Kremserpartie nach Tegel oder eine Spreedampferfahrt nach Grünau oder nach der Woltersdorfer Schleuse gemacht werden sollte. Ich malte mir für beide Fälle meine Chancen aus. Im Kremser saß man mit all den anderen dicht zusammen, da konnte ich nicht gut mit ihr reden. Wenn aber dann im Tegeler Park das Picknick ausgebreitet würde und die anderen sich gierig auf das Futter stürzten, würde sie sich gewiß etwas abseits halten und dann konnte ich mich gut zu ihr gesellen. Auf dem Spreedampfer hingegen war mehr Spielraum. Hockte die Menge nah um die Musik herum, so war Aussicht, daß Martha gelegentlich ans Heck ging oder auf die Kommandobrücke. Ich hatte so viel zu sagen, vielleicht würde ich es fertig bringen, ihr gar meine Gedanken über das Zungenreden mitzuteilen. Es gab da so verführerische Vergleiche. Kommt nicht auch die Liebe über uns wie die pfingstlichen Feuerzungen, die sich auf die Häupter der Erwählten setzen? Ist sie nicht auch die fremde und gemeinsame Sprache, in der man einander versteht? Mein Kopf war voll demütiger und eitler Gedanken.

Pfingstsonntagmorgen war strahlendes Wetter. Wir

fuhren Spreedampfer, aber beständig saß mein erwachsener witziger Vetter Edgar neben Martha. Mich beachtete sie kaum. Gleich hinter der Jannowitzbrücke hatte er sich zu ihr gesellt. Und als die Kapelle zu musizieren begann, reichte er ihr einen Kalmusstengel zum Blasen und nahm selbst einen an die Lippen. Bei ihm wars mir gleichgültig, daß er die Backen aufblies. Aber Martha, die doch sonst ›Wangen‹ und keine Backen hatte, konnte ich nun, als sie blies, nicht ansehn, sonst bekam auch sie Backen. Die beiden waren sehr miteinander beschäftigt und sahen kaum auf die vorübergleitenden Ufer. Nur manchmal, wenn feiertägliche Spaziergänger vom Lande dem Dampfer zuwinkten, winkten Edgar und Martha auch ein bißchen. Sie mit seidenem Tüchlein. Und dann mußte sie wieder über einen Spaß von Vetter Edgar lachen.

Aber auf der Heimfahrt rückte sie mit einmal von ihm weg. Sie hatte sich über ihn geärgert. Sie stand auf, nahm mich am Arm und setzte sich mit mir abseits von den andern nieder. Mir wurden die abendlichen Ufer mit ihren mageren Kiefernwäldern zur tropischen Landschaft. Unablässig hingen Marthas Blicke an der gleitenden Ferne. Und ich saß schweigsam neben ihr, aber meine Augen folgten den ihren und ich meinte in pfingstlicher Eintracht ihre Gedanken zu denken.

Inzwischen aber hatte der Himmel sich verfinstert. Gewitter grollte. Die ersten Tropfen fielen. Und der Vetter kam an und hatte einen Schirm. Ich hatte keinen. Sie ging unter seinen. »Es war doch so schönes Wetter gewesen«, sagte sie, und dann – ein bißchen dummlich –: »Ja, der Mensch denkt und Gott lenkt.«

»Der Mensch denkt nicht und Gott lenkt nicht«, sagte der Vetter frivol und sicher und entführte sie in die Kajüte. Ich blieb zurück in Sturm und Regen. Ich hatte einen Pelerinenmantel, in den ich mich tragisch hüllen konnte. Mochte sie lachen mit ihm und im Warmen und Trocknen hocken. Gut, daß ich ihr nichts vom Zungenreden erzählt hatte. Sie konnte sich meinethalben lieber von dem Vetter etwas über Volapük, die praktische Weltsprache, erzählen lassen . . .

Als ich spät zu Hause auf mein Zimmer ging, kam ich an Tonis Kammer vorbei. Die Tür stand halb offen. Das Mädchen saß weinend bei der Kerze. Hatte Er am Ende keinen Urlaub bekommen oder war er schlecht zu ihr gewesen? Sie war vielleicht gerade so verlassen und enttäuscht wie ich. Teilnahmsvoll und etwas lüstern flüsterte ich: »Warum weinen Sie, liebe Toni?«

»Na, sehn Sie doch bloß meinen neuen Hut an.« – Jetzt bemerkte ich erst, daß eine zerknautschte Vogelscheuchenhaube vor ihr auf dem Tisch lag – »und die Schuhe« – Sie zeigte auf zwei schlammige Gebilde in der Ecke. »So'n Kommißaffe darf natürlich keinen Schirm mitnehmen. Das soll ein Kavalier sein?«

Sie ist dann auch nicht mehr lange mit ihm ›gegangen‹, wie die Berliner Dienstmädchen es nennen. Mein Vetter hingegen hat bald danach die Martha geheiratet und ganz zu seiner handfesten Weltanschauung bekehrt. O heiliger Geist . . .

LUDWIG UHLAND
DER SOMMERFADEN

Da fliegt, als wir im Felde gehen,
Ein Sommerfaden über Land,
Ein leicht und licht Gespinst der Feen,
Und knüpft von mir zu ihr ein Band.
Ich nehm ihn für ein günstig Zeichen,
Ein Zeichen, wie die Lieb es braucht.
O Hoffnungen der Hoffnungsreichen,
Aus Duft gewebt, von Luft zerhaucht!

ANNETTE VON DROSTE-HÜLSHOFF
IM GRASE

Süße Ruh, süßer Taumel im Gras,
Von des Krautes Arome umhaucht,
Tiefe Flut, tief tief trunkne Flut,
Wenn die Wolk am Azure verraucht,
Wenn aufs müde, schwimmende Haupt
Süßes Lachen gaukelt herab,
Liebe Stimme säuselt und träuft
Wie die Lindenblüt auf ein Grab.

Wenn im Busen die Toten dann,
Jede Leiche sich streckt und regt,
Leise, leise den Odem zieht,
Die geschloßne Wimper bewegt,
Tote Lieb, tote Lust, tote Zeit,

All die Schätze, im Schutt verwühlt,
Sich berühren mit schüchternem Klang
Gleich den Glöckchen, vom Winde umspielt.

Stunden, flüchtger ihr als der Kuß
Eines Strahls auf den trauernden See,
Als des ziehenden Vogels Lied,
Das mir nieder perlt aus der Höh,
Als des schillernden Käfers Blitz,
Wenn den Sonnenpfad er durcheilt,
Als der heiße Druck einer Hand,
Die zum letzten Male verweilt.

Dennoch, Himmel, immer mir nur
Dieses eine mir: für das Lied
Jedes freien Vogels im Blau
Eine Seele, die mit ihm zieht,
Nur für jeden kärglichen Strahl
Meinen farbig schillernden Saum,
Jeder warmen Hand meinen Druck,
Und für jedes Glück meinen Traum.

GOTTFRIED KELLER
SOMMERNACHT

Es wallt das Korn weit in die Runde
Und wie ein Meer dehnt es sich aus;
Doch liegt auf seinem stillen Grunde
Nicht Seegewürm, noch andrer Graus:
Da träumen Blumen nur von Kränzen
Und trinken der Gestirne Schein.

O goldnes Meer, dein friedlich Glänzen
Saugt meine Seele gierig ein!

In meiner Heimat grünen Talen,
Da herrscht ein alter schöner Brauch;
Wann hell die Sommersterne strahlen,
Der Glühwurm schimmert durch den Strauch:
Dann geht ein Flüstern und ein Winken,
Das sich dem Ährenfelde naht,
Da geht ein nächtlich Silberblinken
Von Sicheln durch die goldne Saat.

Das sind die Bursche, jung und wacker,
Die sammeln sich im Feld zu Hauf
Und suchen den gereiften Acker
Der Witwe oder Waise auf,
Die keines Vaters, keiner Brüder
Und keines Knechtes Hilfe weiß –
Ihr schneiden sie den Segen nieder,
Die reinste Lust ziert ihren Fleiß.

Schon sind die Garben fest gebunden
Und schön in einen Kranz gebracht;
Wie lieblich flohn die stillen Stunden,
Es war ein Spiel in kühler Nacht!
Nun wird geschwärmt und hell gesungen
Im Garbenkreis, bis Morgenduft
Die nimmermüden, braunen Jungen
Zur eignen schweren Arbeit ruft.

CONRAD FERDINAND MEYER
AUF GOLDGRUND

Ins Museum bin zu später
Stunde heut ich noch gegangen,
Wo die Heil'gen, wo die Beter
Auf den goldnen Gründen prangen.

Dann durchs Feld bin ich geschritten
Heißer Abendglut entgegen,
Sah, die heut das Korn geschnitten,
Garben auf die Wagen legen.

Um die Lasten in den Armen,
Um den Schnitter und die Garbe
Floß der Abendglut, der warmen,
Wunderbare Goldesfarbe.

Auch des Tages letzte Bürde,
Auch der Fleiß der Feierstunde
War umflammt von heil'ger Würde,
Stand auf schimmernd goldnem Grunde.

THEODOR STORM
SOMMERMITTAG

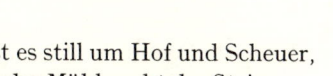

Nun ist es still um Hof und Scheuer,
Und in der Mühle ruht der Stein;
Der Birnenbaum mit blanken Blättern
Steht regungslos im Sonnenschein.

Die Bienen summen so verschlafen;
Und in der offnen Bodenluk,
Benebelt von dem Duft des Heues,
Im grauen Röcklein nickt der Puk.

Der Müller schnarcht und das Gesinde,
Und nur die Tochter wacht im Haus;
Die lachet still, und zieht sich heimlich
Fürsichtig die Pantoffeln aus.

Sie geht und weckt den Müllerburschen,
Der kaum den schweren Augen traut:
»Nun küsse mich, verliebter Junge;
Doch sauber, sauber! nicht zu laut.«

THEODOR STORM
JULI

Klingt im Wind ein Wiegenlied,
Sonne warm herniedersieht,
Seine Ähren senkt das Korn,
Rote Beere schwillt am Dorn,
Schwer von Segen ist die Flur –
Junge Frau, was sinnst du nur?

DETLEV VON LILIENCRON
EINEN SOMMER LANG

Zwischen Roggenfeld und Hecken
Führt ein schmaler Gang,
Süßes, seliges Verstecken
Einen Sommer lang.

Wenn wir uns von ferne sehen
Zögert sie den Schritt,
Rupft ein Hälmchen sich im Gehen,
Nimmt ein Blättchen mit.

Hat mit Ähren sich das Mieder
Unschuldig geschmückt,
Sich den Hut verlegen nieder
In die Stirn gerückt.

Finster kommt sie langsam näher,
Färbt sich rot wie Mohn,
Doch ich bin ein feiner Späher,
Kenn die Schelmin schon.

Noch ein Blick in Weg und Weite,
Ruhig liegt die Welt,
Und es hat an ihre Seite
Mich der Sturm gesellt.

Zwischen Roggenfeld und Hecken
führt ein schmaler Gang,
Süßes, seliges Verstecken
Einen Sommer lang.

DETLEV VON LILIENCRON
DORFKIRCHE IM SOMMER

Schläfrig singt der Küster vor,
Schläfrig singt auch die Gemeinde.
Auf der Kanzel der Pastor
betet still für seine Feinde.

Dann die Predigt, wunderbar,
Eine Predigt ohnegleichen.
Die Baronin weint sogar
Im Gestühl, dem wappenreichen.

Amen, Segen, Türen weit,
Orgelton und letzter Psalter.
Durch die Sommerherrlichkeit
Schwirren Schwalben, flattern Falter.

RAINER MARIA RILKE
ÜBUNG AM KLAVIER

Der Sommer summt. Der Nachmittag macht müde;
sie atmete verwirrt ihr frisches Kleid
und legte in die triftige Etüde
die Ungeduld nach einer Wirklichkeit,

die kommen konnte: morgen, heute abend –,
die vielleicht da war, die man nur verbarg;
und vor den Fenstern, hoch und alles habend,
empfand sie plötzlich den verwöhnten Park.

Da brach sie ab; schaute hinaus, verschränkte
die Hände; wünschte sich ein langes Buch –
und schob auf einmal den Jasmingeruch
erzürnt zurück. Sie fand, daß er sie kränkte.

STEFAN GEORGE
JULI-SCHWERMUT

An Ernest Dowson

Blumen des sommers duftet ihr noch so reich:
Ackerwinde im herben saatgeruch
Du ziehst mich nach am dorrenden geländer
Mir ward der stolzen gärten sesam fremd.

Aus dem vergessen lockst du träume: das kind
Auf keuscher scholle rastend des ährengefilds
In ernte-gluten neben nackten schnittern
Bei blanker sichel und versiegtem krug.

Schläfrig schaukelten wespen im mittagslied
Und ihm träufelten auf die gerötete stirn
Durch schwachen schutz der halme-schatten
Des mohnes blätter: breite tropfen blut.

Nichts was mir je war raubt die vergänglichkeit.
Schmachtend wie damals lieg ich in schmachtender flur
Aus mattem munde murmelt es: wie bin ich
Der blumen müd · der schönen blumen müd!

HERMANN HESSE
JULIKINDER

Wir Kinder im Juli geboren
Lieben den Duft des weißen Jasmin,
Wir wandern an blühenden Gärten hin
Still und in schwere Träume verloren.

Unser Bruder ist der scharlachene Mohn,
Der brennt in flackernden roten Schauern
Im Ährenfeld und auf den heißen Mauern,
Dann treibt seine Blätter der Wind davon.

Wie eine Julinacht will unser Leben
Traumbeladen seinen Reigen vollenden,
Träumen und heißen Erntefesten ergeben,
Kränze von Ähren und rotem Mohn in den Händen.

RUDOLF ALEXANDER SCHRÖDER
SOMMERBRAUCH

Den verjährten Sommerbrauch
Übt ein Schalk in Busch und Hecken,
Will wie sonst den Wandrer necken:
›Kuckuck, Kuckuck‹ ruft der Gauch.

Trugprophete, hast's verfehlt!
Schweige nur mit deinen Tücken:
Ich hab Jahre hinterm Rücken
Mehr, als dein Kalender zählt.

Schon verflog er sich im Hag,
Über mir schwebt Lerchentriller;
Doch vom Baume pfeift es schriller:
Meisen, Star und Finkenschlag.

Winters hab ich sie genährt,
Pickten Mohnsaat, Hanf und Brocken,
Halb genäschig, halb erschrocken,
Und nun geben sie Konzert.

Zwar verschmäht die Nachtigall
Meinen Berg; doch vor den Schaden
Tritt die Amsel mit Rouladen,
Fioritur und Flötenschall.

Der smaragdne Sonnenglanz
Lacht auf blühendem Gezweige,
Purpurfrühling säumt die Steige,
Jede Wiese trägt den Kranz.

Brech ich euch? Es wär mir leid,
Mein, ich hab genug im Garten.
Mögt ihr nur der Sichel warten:
Unterweilen nutzt die Zeit,

Öffnet euer Herbergshaus,
Um der Hummeln und der Bienen
Leckre Tafel zu bedienen;
Schenkt den Sommervögeln aus.

Ja, sie kamen! Rot und blau,
Demant-, Gold- und Silberfunken,
Taumelt's an und schlürft versunken,
Schillerfalter, Schwälblein, Pfau,

Ordensband und Admiral,
Fuchs und Bläuling, groß und kleine,
Sonnt die trunkene Gemeine,
Vielbenamt und ohne Zahl,

Das brokatne Schuppenvlies
Welt, wir sind heut guter Dinge:
Blumen, Vögel, Schmetterlinge
Erben noch vom Paradies!

ERNST STADLER
SOMMER

Mein Herz steht bis zum Hals in gelbem Erntelicht wie
    unter Sommerhimmeln schnittbereites Land.
Bald läutet durch die Ebenen Sichelsang: mein Blut
    lauscht tief mit Glück gesättigt in den Mittagsbrand.
Kornkammern meines Lebens, lang verödet, alle eure
    Tore sollen nun wie Schleusenflügel offen stehn,
Über euern Grund wird wie Meer die goldne Flut der
    Garben gehn.

CHRISTIAN WAGNER
AUF DER LICHTUNG

Sommermittag auf dem Hochwald brütet,
Aber auf der Lichtung, treu behütet
Vom Geflechte dunkler Brombeerranken,
Wachen auf des Waldes Lichtgedanken.

Falter sind es, die so farbenprächtig
Auf der Lichtung, sonnig halb und nächtig,
Diese Brombeerblüten still umbeben,
Purpurdisteln geistergleich umschweben.

Sagt mir an, ihr stillen Geisterfalter
Auf der Lichtung: Wie viel Zeitenalter
Ihr im Banne laget bei den Toten,
Eh ihr wurdet solche Wunderboten?

WILHELM LEHMANN
OBERON

Durch den warmen Lehm geschnitten
Zieht der Weg. Inmitten
Wachsen Lolch und Bibernell.
Oberon ist ihn geritten,
Heuschreckschnell.

Oberon ist längst die Sagenzeit hinabgeglitten.
Nur ein Klirren
Wie von goldnen Reitgeschirren
Bleibt,
Wenn der Wind die Haferkörner reibt.

FRIEDRICH SCHNACK
FELDGEIST

In der heißen Mittagsflur,
Wo die Halme knisternd wehn,
Hab ich eine Feuerspur,
Hab ich Mohn in Brand gesehn,
Als ich ging vorbei
Zwischen eins und zwei.

Roter Zauberblumen Flor
Hat ein Flurgeist hier bestellt,
Sense, Star und Grillenchor
Hüten sein verwunschnes Feld,
Wenn du gehst vorbei
Zwischen eins und zwei.

Und der Mohn verneigt sich rund,
Wo die Halme wehn –
Siehst du einen Feuermund?
Tausend wirst du sehn.
Alle sind dabei
Zwischen eins und zwei.

Plötzlich wähnst du tief im Licht,
Wo die Flammen lohn,
Hinter Halmen ein Gesicht,
Hörst erschrocknen Vogelton:
Dann geht er vorbei
Zwischen eins und zwei.

JÜRGEN EGGEBRECHT
ROGGENMUHME

Mittags, wenn der Sommer brütet
Und der Schäfer schläft
Und der Hund die Herde hütet,
Kreisend sie umkläfft,

Lugen aus dem Roggenplane,
Ährenüberdacht,
Blau die Augen der Zyane
Wie aus Licht gemacht.

An der Hand die Braut im Kreise;
Wo die Füße sind,
Hebt er sie, und leise, leise
Tanzt mit ihr der Wind.

Um das Traumgesicht die Locken,
Schwebt von Feld zu Feld
Roggenmuhme mit dem Wocken
Durch die Geisterwelt.

Von der Pfauenaugenweide
Fliegt ein buntes Ding
Übers reifende Getreide
Als ein Schmetterling.

Aufgescheucht erwacht der Schläfer,
Weiß es nicht, warum.
Schafe schlafen bei dem Schäfer,
Und der Hund liegt stumm.

PETER HUCHEL
SOMMERABEND

Wenn sie reiten zur Schwemme
aus dem steinernen Tor
abends über die Dämme,
brennt noch die Sonne im Rohr.

Frei von des Tages Bürde
reiten sie Seit an Seit.
Horch, wie der Hengst in der Hürde
zornig nach Liebe schreit.

Uferwärts Rosseschnauben,
Zuruf, Lachen und Trab.
Vögel mit seltsamen Hauben
tauchen erschrocken hinab.

In die schäumenden Fluten
hinter der sandigen Furt
drängen Fohlen und Stuten
ohne Sattel und Gurt.

Reiter mit jungen Stimmen
werden den Tieren nicht schwer,
packen die Mähnen und schwimmen
neben den Pferden her.

Knaben, schön ist das Leben,
wenn es noch stark ist und gut.
Seht, wie die Lerchen schweben
spät in der Abendglut.

Unter erlöschendem Himmel
zittert des Hengstes Schrei.
Reiter, Rappen und Schimmel,
bald ist der Sommer vorbei.

GÜNTER EICH
HEISSER TAG

Bin ich in Spanien? Die weißen Fassaden
kochen die Luft wie in Murcia.
Heb ich den Blick zu Kaminen und Dächern,
starren Kastanien gleich dorrenden Fächern,
bin ich den Datteln von Elche nah.

Der Hund streckt sich träge auf brennendem Pflaster,
er wehrt nicht den Fliegen auf seinem Fell.

Die Fenster, verhängt von geflochtenen Matten,
tauchen den Perlenvorhang in Schatten
hinter dem leeren Hafenbordell.

In der gelben Gartenkugel gespiegelt
zum Spitzenschleier das Geißblatt wird,
über brauner Schulter in Ranken und Ketten.
Klappernd, entfernte Kastagnetten,
der trockene Mohn in den Kapseln klirrt.

INGEBORG BACHMANN
AN DIE SONNE

Schöner als der beachtliche Mond und sein geadeltes
                Licht,
Schöner als die Sterne, die berühmten Orden der Nacht,
Viel schöner als der feurige Auftritt eines Kometen
Und zu weit Schönrem berufen als jedes andre Gestirn,
Weil dein und mein Leben jeden Tag an ihr hängt,
                ist die Sonne.

Schöne Sonne, die aufgeht, ihr Werk nicht vergessen hat
Und beendet, am schönsten im Sommer, wenn ein Tag
An den Küsten verdampft und ohne Kraft gespiegelt
                die Segel
Über dein Aug ziehn, bis du müde wirst und das letzte
                verkürzt.

Ohne die Sonne nimmt auch die Kunst wieder den
                Schleier,

Du erscheinst mir nicht mehr, und die See und der Sand,
Von Schatten gepeitscht, fliehen unter mein Lid.

Schönes Licht, das uns warm hält, bewahrt und
                    wunderbar sorgt,
Daß ich wieder sehe und daß ich dich wiederseh!

Nichts Schönres unter der Sonne als unter der Sonne
                    zu sein . . .

Nichts Schönres als den Stab im Wasser zu sehn und den
                    Vogel oben,
Der seinen Flug überlegt, und unten die Fische im
                    Schwarm,
Gefärbt, geformt, in die Welt gekommen mit einer
                    Sendung von Licht,
Und den Umkreis zu sehn, das Geviert eines Felds, das
                    Tausendeck meines Lands
Und das Kleid, das du angetan hast. Und dein Kleid,
                    glockig und blau!

Schönes Blau, in dem die Pfauen spazieren und sich
                    verneigen,
Blau der Fernen, der Zonen des Glücks mit den Wettern
                    für mein Gefühl,
Blauer Zufall am Horizont! Und meine begeisterten
                    Augen
Weiten sich wieder und blinken und brennen sich wund.

Schöne Sonne, der vom Staub noch die größte
                    Bewundrung gebührt,
Drum werde ich nicht wegen dem Mond und den Sternen
                    und nicht,

Weil die Nacht mit Kometen prahlt und in mir einen
                              Narren sucht,
Sondern deinetwegen und bald endlos und wie um nichts
                              sonst
Klage führen über den unabwendbaren Verlust meiner
                              Augen.

ROLF DIETER BRINKMANN
EINFACH SONNE

Das ist ein sonniger Tag und
das ist ein sonniger Tag und

hier ist Sonne
           hier
                 hier
                 hier und hier
                     ist

noch eine Sonne, oh ja! Du machst
das Fenster auf, und ich mache es
wieder zu. Wir spielen beide auf
diese Art Leben.

Leute gehen auf der Straße
hin und
her und
vor und
        zurück, aus einer kleinen

Handtasche, die mit rotem Samt
gefüttert ist, kommt leise Musik.
Es klingelt in meinen Ohren

       also

geh ich zuerst einmal ins Kino und
seh mir die Wochenschau an, und was
denkst du, seh ich dort noch einmal?

       Sonne!

Eine weggeworfene alte Zeitung
blättert sich von selber um
ein altes Grammophon mit der
blechernen Stimme

                wer ist da
und weint so entsetzlich?

       Sonne!

       ALBIN ZOLLINGER
        DIE SONNE

Das ist doch wahrhaft ein Götterwetter! Tag für Tag steht der Himmel durchsichtig über den Pampas, das Vieh strömt fröhlich in den Klee, die Hasen purzeln, die Falken schlagen das Rad in der Höhe. Mittags, wenn man in seinem Schatten wie in einem Teller steht, die Sonne tief überm Scheitel wie eine Taube aus Feuer flattert, wird es

ja beinah zu viel, aber sie denken ans Korn, das ansteigt
– alle die Wochen her ist es wie eine Flut gestiegen, gestiegen. Wenn aus dem Gewölk, das ab und zu einmal herauskam, um wieder anderswohin zu fahren, der gelbe Regen hineingegossen hatte, dann kletterte es sich gegenseitig am Halse hinauf und raschelte unter dem Regenbogen, und so wächst es nun ringsum in der Wärme, trotzt ihr mit seinem Grün, und eine Weile sieht es förmlich so aus, als hätten sie sich ineinander verbissen, es will sich nach keiner Seite entscheiden. Die Sonne führt daher verstärkte Batterien auf, Tag um Tag geht die Schlacht, gewaltige Wogen Licht rollen wie Geschützdonner über das Getreide, das seinen Nacken neigt, und langsam kristallisiert es sich aus, mählich fällt es in den geisterhaften Zustand der Reife hinüber, blinkt es mit seinem goldenen Inneren. Wie es sich einmal ergeben hat, erntet es den Lohn dieser Selbstauflösung; immer lieblicher verklärt es sich, es lockt sich zu Engelhaar, da liegt die Hand der Sonne darin und drückt es in Traum und Schlaf.

Die Rinder stellen sich mit dem Hinterteil gegen den Mittag; sie wissen, daß es vorbeigeht, sie sehen in ihren Lidern die Gewässer der Regenzeit und tragen in deren Erwartung geduldig die Beschwerde zugunsten des Bruders Korn. Der Falke zieht ferne Kreise, nie hat sich sein Zelt so hoch gewölbt, er kostet die meerhafte Einsamkeit.

Unten beginnen sie denn Korn anzuhäufen, messingene Funken blitzen im Dunste dahin, am Horizont vergrabene Gewitter lockern den Himmel auf. Wenn die Wolkenbeduinen im Ring emporspringen, überschatten sie eine Hast von Gabeln und Kopftüchern, an den Zäunen staut sich das Herdenlaub, die Schichtungen des Grüns sind wie Wasser. Aber es ist, als ob das Wetter nur auf die Veränderungen aufgemerkt habe; so wie der Belagerer einmal aufwacht, um sich darüber zu versichern, daß ihm das

Opfer nicht durch die Maschen geht, ist es herbeigemurrt und wieder abgezogen – täglich steht sein Käfig aus Blei überm Land, und täglich schlendert oben der Wächter mit glühendem Schlüsselring vorüber.

Wie sie das Stroh anzünden, ist es ein ausgehungerter Gefangener, der sich den Mund vollstopft. Man denkt, der ganze Glast geht in Flammen auf.

Die Kühe strecken ihren Hals aus, runden wie Fische das Maul und brüllen. Manchmal setzen sie sich in Bewegung und schwanken in großen Wanderungen nach Süden, von hier nach Westen und zurück gegen Osten; die Steppe taucht dort in einem nassen Glanz, immer zweihundert Schritte vor ihnen weicht das Wasser zurück, aber es ist Wasser, die dunkel benetzten Lehmdellen spiegeln, veilchenfarbig zittert der See, und sie gehen ihm treulich und gläubig nach. An den Zäunen stellen sie sich an und blicken zu ihm hinüber, bis daß sie, müde an ihren Flanken zurückschleckend, eine Bucht auch zur Linken gewahren. Berauscht und in Träumen machen sie sich dorthin auf, sanft und schnaufend, mit fromm verschleierten Augen, immer den Flaum von Nässe in den Wimpern.

Die Weizenfelder sind wie rasiert, den Potreros die Haare auch ausgegangen, mit langen Zähnen rupfen die Pferde darin herum.

Der Falke hat seine Ringe tiefer gehängt.

Gewaltige Schübe Hornvieh müssen abgestoßen werden, sie wallen vorüber von Horizont zu Horizont in einer Feuersbrunst von Staub, im Gehen wackeln sie mit den Köpfen, und ein Stier erhebt sich auch jetzt noch da oder dort aus brünstiger Nötigung über die Rücken, auf denen er mit seinen Knien urhaft steht, – dort aber, wo sie ihr Ende nimmt, verzettelt sich die Kolonne; dort bleiben Erschöpfte unartig auf sperrenden Beinen ganz einfach stehen, taub dem Schmeicheln und Schieben, empfangen noch ihren Streich, von dem ihnen die Augen tränen, und scheiden aus der Gemeinschaft, um in einem Anflug betäubten Humors hier ein wenig zu hopsen, blind gegen den Drahthag zu stapfen, die Tierleichen anzustarren, die sich von der Arbeit der Würmer atmend am Boden bewegen.

Und die Falken fallen herab und trinken den Lämmern aus den Augen.

An den vertrockneten Gräben kann man die Hasen von Hand ergreifen.

Sanftmütig kauen die Rinder das letzte Distellaub.

Aber sie haben noch lange zu leben: Der Weg in die Steppe wird ihnen aufgemacht, in eigenartigen fremden Revieren mahlen sie ein salziges Seegras. Auch hier stehen Fremdlinge jenseits der Pfähle in den Straßen.

Dann jagt man sie in die Maisfelder. Sie knistern darin herum, sie treiben noch ihre Allotria, werfen das spröde Zeug mit den Hörnern auf; sie ragen wie ertrunkene Schiffe hervor.

Die Windmühlen stehen und stehen.

Die Gunst der Sonne hat sich als ein tödlicher Wille erwiesen, das Licht ist ein Leerlauf geworden – was will der Tag mit seiner Himmelsklarheit, dem unfruchtbaren Schoße, der nicht gebiert?

Sie wissen nicht mehr, ob es vorbeigeht.

Es macht den Anschein, als ob sich die Erde aus ihrer Bahn unmittelbar unter die Sonne hinauf verirrt habe, die Windmühlen stehen und werden in Ewigkeit stehen; so wie man sich gewahr wird, daß einer, der sitzt und schläft, schon im Schlafe des Todes dasitzt, sieht man auf einmal den Stillstand im Leben, das Unheil in der Fülle; die Bewegung hat sich festgehakt, der Herd wird das Haus versengen, es ist der weiße Weltuntergang.

Weil das Getier zu viel ist, hat man es preisgeben müssen, man hat der Überschwemmung von Dürre ihren Lauf gelassen. Die Sonne klirrt wie eine Distel am Himmel.

Und die Güte der Kreatur offenbart sich in den klaglosen Augen, die, wenn sie noch eine Träne wie eine Perle bilden, über das Schicksal Gottes, nicht wehleidig trauern. Da sie niemandes Schuld suchen, tragen sie alles in Sanftheit, wie schlafend, im Gebüsch ihrer Wimpern; atmend stoßen sie leicht wie Maschinen, ihre Leiber haben die Eckigkeit von Seepferdchen angenommen, so schwimmen sie sorgfältig noch ein paar Züge, bevor sie, von hinten, umsinken, wenn erbarmend, mit zarter Andeutung ein Aasvogel sich an ihre Flanke niedergelassen hat. Wie es endlich aufkommt, die Truppen des Wetters gegen die Sonne vorschwärmen, ist es nur Wind, ein Durchzug verblasenen Sandes, der sie zu Tausenden umwirft, in seiner Trockenheit erstickt und schon bald wie ein Rauch, wie ein struppiger Steppenvasall mit Rasseln und Peitschen an der Himmelsdespotin vorübergetollt ist.

Ihren Falken aber hat er heruntergeweht. Er krallt sich an die rissige Steppe und faucht.

MAX FRISCH
ES WAR AN EINEM SOMMERLICHEN
SONNTAG

Es war an einem sommerlichen Sonntag, als man nach dem üblichen Kirchgang und dem anschließenden Mittagessen, über ferne Kriege sprechend, gemütlich beim schwarzen Kaffee saß; der Vater schnitt sich eine Zigarre, im Grunde zufrieden, daß er wieder einmal einen Sonntag ohne Besuch hatte und sich dem eigenen Gute widmen konnte. Auch King saß da mit schwitzender Zunge, der Hund, ungeduldig, bis er mit dem Herrn wieder weggehen durfte. Man saß unter dem großen Nußbaum, unter einem Dom von Nußbaum; eine flimmernde Sonne sprenkelte das Tischtuch und manchmal die Wege von Kies. Ohne Besuche und ohne den älteren Bruder, der im Ausland studierte, war die Familie sehr klein. Hortense empfand jenen Sonntag wie ein Gefängnis, so schön er auch sein mochte mit dem Zug seiner stillen Wolken, mit einem flimmernden Garten, mit all seinen sommerlichen Gerüchen; es war wie in Kindertagen, wenn man nicht zu den Gespielinnen durfte, und alles, was es ohne jene Gespielinnen gab, das gute Essen, der Sandhaufen im eigenen Garten, die Aussicht auf erwachsene Besuche und Kuchen, alles erschien dann so endlos und ohne Sinn . . . Hortense hatte lange nichts gesprochen; sie hatte den Zucker geholt, den das Mädchen vergessen hatte, sie spielte mit King, um es loszuwerden, all jenes, was sie vermißte. Aber King hatte wenig Lust, sich auf dem Rücken zu wälzen und wälzen zu lassen; er knurrte nur, setzte sich wieder neben den Vater. Hortense graute es vor der Länge des schönen Nachmittages; sie saß in einem Korbsessel, und man wartete auf den Kaffee, man hatte Zeit, der Vater rauchte und Hortense dachte an die Stadt, wo es nun von Leuten wimmelte, es war nicht die Stadt, die sie hätte aufsuchen wollen; es gab sie an diesem Tage einfach nicht. Und auch draußen auf den Landwegen wimmelte es; auch die Einsamkeit gab es nicht. Es war an einem solchen Sonntag, als zöge sich alles Leben zurück von der Erde, man saß und wartete auf den Kaffee, Hortense berichtete von dem Maler, den sie kürzlich getroffen und der ihr eben damals die ersten Stunden erteilt hatte; ja, sie kam recht eigentlich ins Erzählen – alles, was es an Leben gab, verdankte Hortense nun plötzlich dem fremden Maler!

Der Vater klopfte den Hund. – Später fragte er:
»Wie heißt er denn eigentlich?« Hortense sagte es.

So völlig unbekannt, wie sie vermutet hatte, schien sein Name nicht zu sein – die Namhaftigkeit ihres Lehrers befiel sie mit Stolz –, aber unliebsamer, als sie vermutet hatte.

Ihr Vater saß da, als hätte er die Nachricht eines Unglücks in der Hand, in einem steinernen Schweigen, das Hortense nicht begriff. Daheim nahmen sie alles so wichtig, so ernst. Endlich war es dann soweit; das Wasser kochte, die Mutter löschte das Flämmchen unter der gläsernen Kugel, und alle blickten zu, wie der dunkle Kaffee wieder zurückfloß. Gesprochen war noch immer nichts. Die Mutter füllte die Tassen, nahm eine silberne Dose, fragte den Vater, ob er Zucker wollte.

»Ich möchte nicht«, sagte der Vater, »daß du weiterhin zu diesem Herrn Reinhart gehst –.«

»Warum? Warum nicht?«

Man trank Kaffee, das heißt, man hielt sich an den zierlichen Täßlein; bloß Vater rührte das seine nicht an. Er sagte:

»Ich habe es dir nun gesagt, Hortense. Du wirst deinem Vater wohl glauben, daß er seine guten Gründe hat. Ich hoffe, du hast mich verstanden.«

Über die Gründe, die ihn so unerbittlich machten, äußerte sich der Oberst auch später nicht, als das Kind, beunruhigt, unter vier Augen mit ihm reden wollte. Er war etwas verlegen, nicht ungehalten, eher bekümmert, daß nun auch Hortense noch anfing, ihm Sorgen zu machen, und im übrigen nicht minder schweigsam als beim schwarzen Kaffee; es wären Dinge, die Hortense nicht zu ahnen, geschweige denn einzuschätzen vermöchte. Hortense dachte natürlich nur an das Eine, daß der Maler ohne ernsthafte Heirat mit einer Frau zusammenlebte, eine Ehe ohne Gelöbnis. Das wäre indessen, auch wenn der Vater darum gewußt hätte, noch das Geringste von allem gewesen, fast ohne Belang gegenüber dem andern, was dem Oberst, sobald er nur den Namen hörte, zu schaffen machte. Es kam, wie gesagt, ein weiterer Umgang gar nicht in Frage.

Als Hortense das nächste Mal in seinem Atelier saß, fortan insgeheim, zeigte ihr der Maler allerlei Skizzen von einer Reise, von Meeren, von Riffen und Vögeln, von Muscheln und Buchten...

Ein andermal erzählte er vom Segeln.

Hortense hatte ihn beim Wort genommen. Auf dem heimatlichen See, sagte er, hätte er allerdings noch nie gesegelt; ließ sich aber nicht lumpen. Als sie wirklich in ein wackelndes Boot hüpften und der Maler bereits seinen Rock auszog, sich ans Steuer setzte, fragte ihn auch der Vermieter nochmals, ob er wirklich segeln könnte. Ungeduldig wedelten die Wimpel. Es war keine Zeit, auch dieser fremden Rotznase noch einmal die ganze dalmatinische Geschichte darzulegen, die Sache von der schwertlosen Fischerbarke, von den roten Riffen, von der tosenden Brandung, von dem Inselchen mit dem Leuchtturm darauf und all das, was der Maler eben dem Mädchen so umständlich erzählt hatte... Hoppla! sagte Reinhart, als sie bereits an die erste Boje stießen, so daß es knirschte, und der Mensch mit der Rotznase, der auf dem Floß stand und die beiden übermütigen Leute verfolgte, machte ein Gesicht, als hätten sie ihm schon seine ganze Bude, sein Geschäft in den Schlamm gerammt.

»Das kommt schon!« tröstete er das Mädchen.

Am Meer, damals, war man nicht so zimperlich gewesen. Das war auch eine andere Barke, Herrgott, so eine alte Fischerbarke, die nichts von Schwert und Kiel wußte, ein währschaftes Ding, es splitterte nur so, wenn man gegen die fleischroten Felsen stieß, und man ließ es splittern, es hatte noch Holz genug daran. Niemand machte ein Gesicht, und Worte brauchte man überhaupt nicht, so mutterseelenallein war man. An fernem Horizont qualmte ein schwarzes Frachtschiff von Rußland her, das war alles, oder es gab noch eine andere Barke, die mit prallen, meist bunten und zerfetzten Segeln gegen den Hafen strebte, ein schwimmendes kleines Gebirge von goldenen Melonen. Man hatte wirklich Platz genug. Daß man wieder einmal an Land kam, daß man in dieser herrlichen Bläue nicht lautlos ersoff, das war die einzige Sorge, das einzige, was man können mußte. Auch das mußte man eigentlich nicht; auch das war dir frei gelassen. Es schien, als machten sich die Wogen einen Spaß, sie holten dich weg und schmetterten dich wieder hin, immer wieder. Kaum war man aus den drohenden Felsen heraus, nur einen Atemzug lang, während man mit letzter Kraft das Steuer herumreißen wollte, und schon wieder klemmte man zwischen den Riffen, von klatschendem Gischt überschwemmt! Drei Stunden lang dauerte es einmal, bis Reinhart um die lächerliche Klippe herumkam, naß wie eine ersoffene Katze, stolz, sobald er wieder den Hafen sah. Nicht dankbar, sondern stolz, zufrieden, glucklich, erschöpft. Es krachte an der kleinen Hafenmauer, und mannshoch zischte noch einmal das Wasser empor, wo es zwischen die Steine schoß. Eine Dusche mehr oder weniger, das kam damals nicht darauf an, man wischte mit zerschlissenem Ärmel über das Gesicht, alles schmeckte nach Salz, und man brauchte alle gangbaren Flüche dazu, aber kein einziges Fachwort. Sobald man einmal im Hafen war, riß man das Seil – ratsch! und drunten war das Segel, knallend im Wind, es torkelte der leere Mast, und mit dumpfen Stößen wie ein wütender Stier polterte die Barke noch immerfort gegen die Hafenmauer, bis man ihr schließlich mit einer rostigen Kette beikam...

Niemand machte damals ein Gesicht.

In der Heimat, fand der Maler, wäre alles so brav, so sittsam, so gediegen. Hier merkt man jeden Blödsinn, den du begehst. Beim Wenden, so belehrte ihn Hortense, müsse man immer das Focksegel loslassen!

Was müsse man loslassen? Ah so –

Reinhart gab zu: es ging schon besser so. Er hatte nie so ein kleines neckisches Ding besessen, so ein Schürzlein da vorne, das sich wie ein Kissen am Wäscheseil bläht. Luv und Lee, jaja, das waren die beiden Seiten zum Wind; aber welche nun welche war? Auch vom Halsen hörte er zum erstenmal. Plötzlich hingen wieder alle Wimpel schlaff, und das abendliche Wasser schillerte wie glatte Seide, windlos, es war ein köstlicher Abend mit blitzenden und lohenden Fenstern an den steilen Ufern voll Stadt. Nur die kleinen Dampfer, die gewichtig hin und her kreuzten, ärgerten den Maler, sie tuteten so empört und vorwurfsvoll, als hätte man es dem Wasser ansehen können, daß man sich mitten auf ihrer Straße befand. Zum Anspucken nahe fuhren sie an den beiden vorüber. Eine Mädchenschule jauchzte und winkte, während die Wellen sie schaukelten, daß man sich halten mußte, und dem Maler schlug es nebenbei die Segelstange an den Kopf! Lange blickte er dem Dampferchen nach, nannte es eine Kreuzung zwischen Schiff und Gartenlaube, betrachtete versonnen seinen Schlot, der sich ernst nehme wie ein Kleinbürger im weißen Stehkragen. Zu denken, daß sie niemals das wirkliche Meer sehen werden, diese armen Dinger, die mit ihrem anmaßenden Schlot schon an der ersten Brücke anstoßen würden, ja, wie sollen sie sich denn vorstellen können, daß sie nicht die einzigen Schiffe auf der Welt sind?...

Hortense lachte.

Im Ernst! sagte der Maler...

Dann zog es wieder an, ein dunkleres Gekräusel huschte über den Spiegel, unter dem Bug erwachte wieder das helle, hohle, übermütige Geplätscher der Wellen. Bald saßen sie auf der äußersten Kante des Bootes, ihre Füße auf die andere Seite gestemmt, herrlich rauschte es davon, zischend, während das Segel wieder ganz voll und straff war, still vor Kraft. Hortense schnitt es ordentlich in die Hand, als sie die Leine übernahm. Es war köstlich, das grüne Gerausche voll Glut einer silbernen Sonne, es war eine Lust zu leben, sobald man nicht denkt, und man denkt ja nur, solang man in einer Flaute sitzt! Hortense, wie sich herausstellte, verstand nun den Sport nach allen Regeln. Sie wendeten und halsten so sittsam, so stilvoll hin und her, an schwimmenden Köpfen vorbei, an Schwimmern, die winkten, und einer strampelte mit den Beinen, daß es wie ein Wasserrad gischtete und schäumte. Der Maler hätte sich eigentlich schämen sollen, verschob es aber auf später, wie er sagte, es käme dann noch anderes dazu, und man wolle doch jede Stunde genießen, wenn Wind in unsern Segeln ist! Ringsum läutete es den Sonntag.

Aus: Die Schwierigen oder J'adore ce qui me brûle

KARL KROLOW
PHANTASIE ÜBER DEN SOMMER

Wärme hat, wenn sie aufkommt, etwas Reptilisches. Eine Schlange, die an einem Baumstamm hochkriecht und im Schatten züngelt, ein Huschen, eine kurze, verwischte Bewegung. Unter der Einwirkung beginnender Hitze spürte Gerard Manley Hopkins – so notiert er 1874 in seinem Tagebuch – den Geruch einer großen Zeder jedesmal nicht dann, wenn er gerade an ihr vorbeikam, sondern immer erst an einem Sonnenfleck auf dem Weg etwas weiter weg. Er fand schließlich heraus, daß die Rinde in der Sonne roch, aber nicht im Schatten, und nahm an, daß dies auch von dem Geruch galt, den sie in der Luft verströmte. Wärme steigert anfangs ein derartiges Wahrnehmungsvermögen. Ein verfeinertes Hinsehen. Eine gesteigerte Geduld im Hinhören. Man entdeckt – mit Hilfe der sich verändernden Tagestemperatur – bereits geringfügige Unterschiede in seiner Umgebung. Hopkins beschreibt diesen Zustand an anderer Stelle (unterm 18. Mai 1873): »Große Leuchtkraft und starkes plastisches Hervortreten: der Blick schien senkrecht von Stufe zu Stufe an unseren Bäumen hinabzugleiten, vom näheren zum ferneren Park. Alle Dinge trafen die Sinne mit doppelter, doch unmittelbarer Inkraft.« Es sind Empfindungen, die etwas Halluzinatorisches haben, nach der Art einer überhöhten Erfahrung und dabei oft jener »Registratur des Alltags« entnommen, die Helmut Heißenbüttel meint, wenn er sich mit dem Wesen (literarischer) Halluzination beschäftigt.

Man hat plötzlich mit suggestiv gezeigter Banalität zu tun, mit übertrieben demonstrierter Einzelheit. – Quadratur einer in der Sonne liegenden Fläche mit welkenden Blumen durch die Hitze. Die Verwesung der Pflanzen wird in solcher, von der Temperatur vorgenommenen Aufteilung vervielfacht, vegetativer Kehricht, der in die Luft steigt, Tod von einem Atemzug zum anderen, von unvorhergesehener Schnelligkeit und Heftigkeit, Tod von einem Wort zum nächsten, ehe man dazu kommt, ihn in seiner Anwesenheit zu begreifen, ein Schwelen, das zur Flamme wird, zum feurigen Züngeln, das aus Pflanzenabfall entsteht, rapider Prozeß von Stoffwechsel, der sichtbar wird, den man mit Augen verfolgen kann. – Wärme: aus dem Schatten-Reptil ist ein Drache geworden, der auf feurigem Schutt hockt und zu einem Bilde versteinert, das in einer altertümlichen Beschreibung südlicher Landschaft vorkommen könnte. Aus einer kurzen Bewegung wurde ein aufdringlicher Stillstand. Es ist die Aufdringlichkeit, an der Suggestives häufig teilhat und durch die es sich selber wieder abbaut, zuweilen sehr schnell zersetzt, wie sich ein besonders heftig wirksam werdendes Wort mitunter rasch in seine Buchstaben auflöst oder in zwei, drei wirksame Vokale schrumpft.

Der Sommer, mit seiner Hitze, wird gestalthaft. Er nimmt die Gestalt des Schlingenlegers, des Fallenstellers an, kein Laubmann, aber ein Intrigenfreund, chamäleonische Erscheinung (das Chamäleon, heißt es bei Swift, solle nur von der Luft leben, habe aber von allen Tieren die flinkste Zunge). Er legt Gruben an für Gedanken, die träges Gewicht haben, die sich zu zögernd einstellen und an ihrer Unbeweglichkeit ermüden: Kehrseite des illuminierenden Temperaturanstiegs. – Währenddessen zieht er sich auf einige bukolische Augenblicke zurück, auf luftige Augenblicke, gleichsam oberhalb der Wärme, als wolle er für kurze Zeit wie Swifts Chamäleon wirklich von Luft leben.

Er läßt ein Pferd seinen Reiter abwerfen und an einer Maulbeerhecke grasen. Kein Pfiff konnte seine Flucht aufhalten. Er umzingelt eine Landschaft mit grünen Schatten und veranstaltet auf diese Weise ein trügerisches Spiel, das die Trägheit neckt, die langsamen Reaktionen, das unkontrollierte Verhalten eines ermatteten Körpers, mit seinen vorsichtigen Bewegungen, seiner Ungeschicklichkeit, seinem hilflosen Wachtraum-Empfinden. Er schickt körperliche Intrigen: eine Hand schläft ein, die nach etwas greifen will, ein Fuß, der im Sand seine Zehenspur zieht. Er besorgt sein poetisches Geschäft, indem er die Luft zu Sinuskurven biegt. Täuschend liegt ihre Krümmung über einem Fluß, einem Weg, einem Gebüsch.

Er schickt schon vormittags zuviel Licht, so daß selbst eine Messerklinge blau blitzt. Der Mittag später steht als Zuckersirup in Gläsern. Er vergißt die Klugheit der Ökonomie, läßt die Hitze in Rauch aufgehen. Lyrik eines hemdlosen Nackens, einer zurückfallenden Schulter. Lyrik des zu trockenen Gaumens, Zustand, der es schwer macht, die Rundung eines Flaschenhalses zu beschreiben. Der Sommer beschreibt sich selber, bis an den Zenit mit Licht bewaffnet, das in alle Winkel fällt. In einem errötet eine Metapher gemeinsam mit einer Rose. Im nächsten schläft ein Gesicht unter einem Sonnenschirm. In einem anderen gibt es weniger zierliche Beschäftigungen, ohne Erröten. Der Sommer kommt inzwischen als Zitronenwasser auf Speisekarten. Er wird überlistet von Kellnern und Ventilatoren. Er wird geschwächt, zivilisiert. Er wird als einfaches Essen zubereitet, Öl und Knoblauch gehören dazu. Man kann seine abnehmende Kraft besichtigen. Man kommt hinter seine Physiognomie, die sich nicht mehr verstellen kann. Kein Blinzeln kommt im wimpernlosen, basiliskischen Gesicht auf. Man übertreibt seinen Anblick, schlägt sich den Staub aus den Kleidern und überläßt ihn der kommenden Jahreszeit.

KALENDERBLATT
JULI

Der Juli ist der Monat der Kornernte, der Ferien, der Sommer- und Badefreuden. Das Fest des Kostbaren Blutes (1. Juli) und der Vierzehn Nothelfer (8. Juli) wird an einigen Wallfahrtsorten gefeiert.

Die heute wie im 15. Jahrhundert verbreitete Volksmeinung, daß erhört werde, wer die 14 Nothelfer anrufe, ist zwar schon 1490 in ein Bamberger Meßbuch aufgenommen, aber nicht kirchlich bestätigt worden.
Wörterbuch der Deutschen Volkskunde, 1955

Sprüche

Was der Juli nicht kocht,
kann der September nicht braten.

Wenn der Gärtner schläft,
pflanzt der Teufel Unkraut.

Treibt die Eiche vor der Esche,
ist der Sommer eine Wäsche.
Treibt die Esche vor der Eiche,
ist der Sommer eine Bleiche.

JOHANN WOLFGANG GOETHE
AUF DEM SEE

Und frische Nahrung, neues Blut
Saug' ich aus freier Welt;
Wie ist Natur so hold und gut,
Die mich am Busen hält!
Die Welle wieget unsern Kahn
Im Rudertakt hinauf,
Und Berge, wolkig himmelan,
Begegnen unserm Lauf.

Aug', mein Aug', was sinkst du nieder?
Goldne Träume, kommt ihr wieder?
Weg, du Traum, so gold du bist:
Hier auch Lieb' und Leben ist.

Auf der Welle blinken
Tausend schwebende Sterne,
Weiche Nebel trinken
Rings die türmende Ferne;
Morgenwind umflügelt
Die beschattete Bucht,
Und im See bespiegelt
Sich die reifende Frucht.

FRIEDRICH LEOPOLD ZU STOLBERG
LIED AUF DEM WASSER ZU SINGEN, FÜR MEINE AGNES

Mitten im Schimmer der spiegelnden Wellen
Gleitet wie Schwäne der wankende Kahn;
Ach, auf der Freude sanftschimmernden Wellen
Gleitet die Seele dahin wie der Kahn;
Denn von dem Himmel herab auf die Wellen
Tanzet das Abendrot rund um den Kahn.

Über den Wipfeln des westlichen Haines
Winket uns freundlich der rötliche Schein;
Unter den Zweigen des östlichen Haines
Säuselt der Kalmus im rötlichen Schein;
Freude des Himmels und Ruhe des Haines
Atmet die Seel im errötenden Schein.

Ach, es entschwindet mit tauigem Flügel
Mir auf den wiegenden Wellen die Zeit.
Morgen entschwinde mit schimmerndem Flügel
Wieder wie gestern und heute die Zeit,
Bis ich auf höherem strahlenden Flügel
Selber entschwinde der wechselnden Zeit.

JOHANN GAUDENZ
VON SALIS-SEEWIES
LIED ZU SINGEN BEI EINER
WASSERFAHRT

Wir ruhen, vom Wasser gewiegt,
Im Kreise vertraulich und enge;
Durch Eintracht wie Blumengehänge
Verknüpft und in Reihen gefügt;
Uns sondert von lästiger Menge
Die Flut, die den Nachen umschmiegt.

So gleiten, im Raume vereint,
Wir auf der Vergänglichkeit Wellen,
Wo Freunde sich innig gesellen
Zum Freunde, der redlich es meint!
Getrost, weil die dunkelsten Stellen
Ein Glanz aus der Höhe bescheint.

Ach! trüg' uns die fährliche Flut
Des Lebens so friedlich und leise!
O drohte nie Trennung dem Kreise,
Der, sorglos um Zukunft, hier ruht!
O nähm' uns am Ziele der Reise
Elysiums Busen in Hut!

Verhallen mag unser Gesang.
Wie Flötenhauch schwinden das Leben:
Mit Jubel und Seufzern verschweben
Des Daseins zerfließender Klang!
Der Geist wird verklärt sich erheben,
Wenn Lethe sein Fahrzeug verschlang.

CONRAD FERDINAND MEYER
SCHWARZSCHATTENDE KASTANIE

Schwarzschattende Kastanie,
Mein windgeregtes Sommerzelt,
Du senkst zur Flut dein weit Geäst,
Dein Laub, es durstet und es trinkt,
Schwarzschattende Kastanie!
Im Porte badet junge Brut
Mit Hader oder Lustgeschrei.
Und Kinder schwimmen leuchtend weiß
Im Gitter deines Blätterwerks,
Schwarzschattende Kastanie!
Und dämmern See und Ufer ein
Und rauscht vorbei das Abendboot,
So zuckt aus roter Schiffslatern
Ein Blitz und wandert auf dem Schwung
Der Flut, gebrochnen Lettern gleich,
Bis unter deinem Laub erlischt
Die rätselhafte Flammenschrift,
Schwarzschattende Kastanie!

WILHELM LEHMANN
FAHRT ÜBER DEN PLÖNER SEE

Es schieben sich wie Traumkulissen
Bauminseln stets erneut vorbei,
Als ob ein blaues Fest uns rufe,
Die Landschaft eine Bühne sei.

Sich wandelnd mit des Bootes Gleiten
Erfrischt den Blick Laub, Schilf und See:
Hier könnte Händels Oper spielen,
Vielleicht Acis und Galathee.

Die Finger schleifen durch die Wasser,
Ein Gurgeln quillt um Bordes Wand,
Die Ufer ziehn wie Melodien,
Und meine sucht nach deiner Hand.

Wenn alle nun das Schifflein räumen,
Wir endigen noch nicht das Spiel.
Fährmann! die runde Fahrt noch einmal!
Sie selbst, ihr Ende nicht, das Ziel.

Es schieben sich wie Traumkulissen
Bauminseln stets erneut vorbei,
Als ob ein blaues Fest uns rufe,
Die Landschaft eine Bühne sei.

Sich wandelnd mit des Bootes Gleiten
Erfrischt den Blick Laub, Schilf und See:
Wir durften Händels Oper hören,
Man gibt Acis und Galathee.

Wir sehen, was wir hören, fühlen.
Die Ufer *sind* die Melodien.
Bei ihrem Nahen, ihrem Schwinden,
Wie gern mag uns das Schifflein ziehn!

Dort schwimmt bebuscht die Prinzeninsel,
Hier steigt die Kirche von Bosau –
Wir fahren durch den Schreck der Zeiten,
Beisammen noch, geliebte Frau.

Heißt solcher Übermut vermessen?
Rächt sich am Traum der harte Tag?
Muß seine Eifersucht uns treffen,
Wie den Acis des Riesen Schlag?

Die Götter sind nicht liebeleer –
Was ihr den beiden tatet, tut!
Die Nymphe flüchtete ins Meer,
Acis zerrann zu Bachesflut.

BERTOLT BRECHT
VOM SCHWIMMEN IN SEEN UND FLÜSSEN

1

Im bleichen Sommer, wenn die Winde oben
Nur in dem Laub der großen Bäume sausen
Muß man in Flüssen liegen oder Teichen
Wie die Gewächse, worin Hechte hausen.
Der Leib wird leicht im Wasser. Wenn der Arm
Leicht aus dem Wasser in den Himmel fällt
Wiegt ihn der kleine Wind vergessen
Weil er ihn wohl für braunes Astwerk hält.

2

Der Himmel bietet mittags große Stille.
Man macht die Augen zu, wenn Schwalben kommen.
Der Schlamm ist warm. Wenn kühle Blasen quellen
Weiß man: ein Fisch ist jetzt durch uns geschwommen.
Mein Leib, die Schenkel und der stille Arm
Wir liegen still im Wasser, ganz geeint

Nur wenn die kühlen Fische durch uns schwimmen
Fühl ich, daß Sonne überm Tümpel scheint.

3

Wenn man am Abend von dem langen Liegen
Sehr faul wird, so, daß alle Glieder beißen
Muß man das alles, ohne Rücksicht, klatschend
In blaue Flüsse schmeißen, die sehr reißen.
Am besten ist's, man hält's bis Abend aus.
Weil dann der bleiche Haifischhimmel kommt
Bös und gefräßig über Fluß und Sträuchern
Und alle Dinge sind, wie's ihnen frommt.

4

Natürlich muß man auf dem Rücken liegen
So wie gewöhnlich. Und sich treiben lassen.
Man muß nicht schwimmen, nein, nur so tun, als
Gehöre man einfach zu Schottermassen.
Man soll den Himmel anschaun und so tun
Als ob einen ein Weib trägt, und es stimmt.
Ganz ohne großen Umtrieb, wie der liebe Gott tut
Wenn er am Abend noch in seinen Flüssen schwimmt.

BERTOLT BRECHT
RUDERN, GESPRÄCHE

Es ist Abend. Vorbei gleiten
Zwei Faltboote, darinnen
Zwei nackte junge Männer: Nebeneinander rudernd
Sprechen sie. Sprechend
Rudern sie nebeneinander.

THEODOR FONTANE
BRIEFE IM JULI

Seebad Rüdersdorf. 9. Juli 87.
Eine Bärenhitze! Die armen Reisenden, die heute fort müssen, können einem leid thun und nun erst die Schaffner. Hoffentlich wird ihre Verzweiflung durch Trinkgelder balancirt. – Es gefällt mir nun ganz gut hier und ich kann nur wünschen, daß es so bleibt; alle haben etwas Freundliches und das ist schon sehr viel; dabei wird *sehr* gut gekocht, heute vorzüglich. Eine Satte saure Milch (freilich nichts Gekochtes) mit Brot und Zucker, Blumenkohl und Kalbskotelett, und Schweinebraten mit neuen Kartoffeln und Preiselbeeren. Alles für 1 Mark; erstaunlich. Dazu habe ich heut ½ Flasche Apfelwein getrunken. Der erste Tag war der schlechteste, dazu die Gerüche und die Frage: wirst Du schlafen können? Es hat sich alles über Erwarten gut erledigt. Mein Befinden ist gut, nur der Kopf sehr benommen, so daß ich froh bin, relativ leichte Arbeit zu haben. Ich denke jeden Tag ein Kapitel im Rohbau fertig zu kriegen, rechne ich dann noch 14 Tage für die Korrektur, so denke ich bis etwa 7. August fertig zu sein. Weitre Pläne mag ich noch nicht machen; alles ist so sehr in der Schwebe, zunächst muß das mit der Vossin in Ordnung kommen; liegen Verstimmungen gegen mich vor, so habe ich nicht Lust für den September um Urlaub zu bitten; ich würde dann in Berlin bleiben und nur wochenweis hier nach dem ›Seebad‹ übersiedeln. Aber kein Kopfzerbrechen *darüber*!

Auch die Kinder thun mir leid, George wie Martha. Bonn ist ohnehin so heiß wie Afrika und ein vollgestopftes

Plüschcoupé 1. Klasse muß zum Weinen sein. Und dann morgen auf dem Dampfschiff. Die Brise, die auf dem Strom geht, ist ganz schön, aber das beständige Sonnenflimmern. Die einzige Rettung ist Rüdesheimer oder Aßmannshäuser, aber nicht von Theos Sorte. Was *Dich* angeht, so trinke lieber Wein als Bier, wenn's aber Bier sein soll, so laß durch Ida einen Krug ächtes holen. Friedel wird ja wohl wissen wo.

Gelesen habe ich noch keine Zeile, auch keine Zeitung, habe auch kein Verlangen danach. Ich sitze viel am Waldrand und kucke auf die Felder, Gehöfte, Baumgruppen. Aber meine Freude daran ist doch viel geringer als sonst. Früher beobachtete ich das alles künstlerisch liebevoll und verwandte es im Geist für diese oder jene Arbeit. Aber die Gleichgültigkeit des Publikums dagegen, das Einsehn, daß es einem nichts hilft und daß man in der Müller-Schultzeschaft stecken bleibt (wenigstens nach Meinung der Leute) hat mir die Lust an allem verdorben, ich fechte, wie eine gute alte Truppe, nur noch Anstands- und Ehrenhalber, wenn auch die Ehrenausbeute mehr als zweifelhaft ist. Grüße Friedel. Wie immer Dein alter   Theo.

Der Erste, der heraus kommt, könnte mich durch eine kleine Fliegenklappe erfreun; die Fliegen sind unbequem.

Seebad Rüdersdorf. 10. Juli 87.
Sei schönstens bedankt für Kiste, Brief und Karte, letztre von Friedel. Alles ist mit gewohnter Promptheit besorgt worden und sogar mit einem Agio: Tasse, Milchtopf, Fleischextrakt. Mit Hülfe von Papierscheere, Falzbein und Eggerschem Korkenzieher habe ich geöffnet und ausgepackt und mein Zimmer in a snug home umgewandelt. Uebrigens hatte sich's schon vorher gebessert, gestern kam der Glaser, ein Tisch mit Tischkasten hat sich eingefunden

und bei der Frau habe ich einen Stein im Brett. Noch mehr bei der alten 87jährigen Französin, Liesen's Mutter.

Gestern Abend hatten wir hier ein schweres Gewitter, das von 9 bis 11 dauerte; gegen 10 war es sehr stark. Ich mußte an den armen George denken, dem Gewitter so unangenehm sind und der nun gerade um die Zeit seine Reise in einem wahrscheinlich überfüllten Coupé antreten mußte. Heut ist er nun hoffentlich wohlgeborgen und sieht die Welt wieder in einem fröhlicheren Licht. Daß es ihm etwas schwer gemacht wird, glaub ich. Aber! Ich komme darauf zurück. Mete macht nun heut ihre Rheinfahrt, hoffentlich bei gutem Wetter und in guter Gesellschaft; sie wird viel zu erzählen haben.

Ich bedaure aufrichtig, daß es Dir wieder nicht gut geht. Woher kommt es? Du bildest Dir immer noch ein, daß die Berliner Sommerluft gerade so gut sei wie andre Luft und daß die Malariafrage für Dich gar nicht existire. Da bist Du aber sehr im Irrthum. Könntest Du morgen nach Blasewitz reisen oder an den Staremberger See, so wärst Du in 24 Stunden gesund. Wenn man sich 11 Monate lang durchgekrebst hat und der 12. Monat ist dann ein Berliner Juli (Frau Schillers Wohnung stand zufällig auf derselben Berliner Höhe) so kriegt man eben gastrisch-nervöse Zustände. Vielleicht kommst Du die nächstnächste Woche auf drei oder fünf Tage heraus; das wird Dir Wunder thun. Es ist hier *viel* besser, als ich anfangs gedacht habe, *beide*, er und sie, sind ausgezeichnete Wirthe, verbindlich, umsichtig, alles was man genießt appetitlich und wohlschmeckend und die Nächte weder durch Gluth, noch Mücken noch Schlimmeres gestört. Ich kam etwas deprimirt heraus, fand alles in einem traurigen Schmuddelzustand vor, namentlich sehr unordentlich, und sah nun die Sache trostloser an als nöthig. Ich bin in diesem Augenblicke mit meinem Aufenthalte *vollkommen zufrieden* und zieh ihn Interlaken oder Raggatz oder Thale weit vor. Du verkennst ganz meinen Geschmack. Stünden mir für Juli und August alljährlich 2000 Thaler zu Gebot, so ginge ich nach Scheveningen oder Isle of Wight oder Sorrent (himmlisches Tramontane, noch dazu Reimwort auf unsren Namen) und da wollt' ich mit Dir und Mete ganz angenehm leben, aber aut aut; so lieb es mir ist, alle diese Finessen kennen gelernt zu haben, so habe ich mich nur wohl dabei gefühlt weil ich es als ›Studie‹ ansah, als unerläßlich für meine Stellung und meinen Beruf, *zu Haus* war ich auf diesen Höhen des Lebens nie, weil ich arm wie eine Kirchenmaus ins Leben eingetreten bin und ebenso wieder herausgehe. Wie so vieles, ist auch *das* lediglich eine Geldfrage, Bleichroeder gehört nach Tréport oder Biarritz, *ich* gehöre nach Seebad Rüdersdorff. Und wenn ich es an solchem Platze nur nicht *zu* tief unter den märkisch-landesüblichen Ansprüchen finde, so bin ich zufrieden. Ich übe diese Sorte von Anspruchslosigkeit nicht aus Bescheidenheit, sondern aus künstlerischem Sinn, ganz so wie unsre kl. Schneiderwohnung für unser Mobiliar und unsren ganzen Lebenszuschnitt das einzig Richtige ist. Die alte Erbuhr in ein Zimmer mit Stuckposaunenengeln gestellt, ist ein Unding; bei *uns* freue ich mich, wenn ich sie sehe. – Die R. Frage nimmst Du viel zu feierlich; gieb mir drei Quartblätter mit dem Auftrage die Geschichte der Häuser Kummer-Rouanet [-] Müller [-] Below und Rouanet Müller-Goersch, dann die der Fontanes und schließlich die der Sommerfeldts zu schreiben, so, sag ich Dir, stehen da Sachen drauf, die die R.'s etc. auch nicht schlimmer besorgt haben. Die Liebespunktsgeschichten sind doch nur eines im Leben und meist nicht das Schlimmste; Niedrigkeit, Ruppigkeit und mitunter sogar riesige Langeweile sind viel schlimmer. Wie immer Dein Alter.

FRANZ HESSEL
DER GUTE REGEN

Die Sommerwohnung, welche die Eltern gemietet haben, hat eine Glasveranda. Darin wird gefrühstückt. Sobald das Kind seine Milch und sein Brot verzehrt hat, darf es hinaus in den Garten, auf die Heide, an den Strand. Aber heut regnet es. Erst in sanftem Schleierfall auf Kies, Beet, Strauch und Zaun, dann, schräggeweht, mit prasselnden Tropfen gegen das Glas. Das Kind muß sitzen bleiben an dem Tisch, der abgedeckt wird. Das weiße Tuch wird weggezogen; eine rotgeblümte Decke breitet sich aus. Darauf kommen Holzbaukasten, Geduldspiel mit Schiebesteinen und Domino. Alle drei hat die Mutter zur Auswahl angebracht. Aber nicht genug damit: sie hat das Märchenbuch in der Hand und fragt: »Oder soll ich dir etwas vorlesen?« Daß man sich soviel mit dem Kind beschäftigt, daran ist der gute Regen schuld. Eigentlich möchte es gar nichts Bestimmtes tun oder getan bekommen. Zum richtigen Spielen ist der Tisch ein bißchen zu hoch.

»Sind in dem Buch Geschichten vom Regen?« fragt es.

Vom Regen weiß die Mutter keine Geschichten, aber allerlei Gedichte. Eins fängt an: ›Es regnet, Gott segnet.‹ In dem andern heißt es immer wieder: ›Und der Regen, der regnet jeglichen Tag.‹ Ein drittes dagegen verspricht: ›Und wenns genug geregnet hat, dann hört es wieder auf.‹ Aber dem Kind ist es nicht ums Aufhören zu tun. Es hat ein paar ausgepackte Hölzer aus dem Baukasten in müßigen Händen und sieht in den nassen Nebel hinaus. Der macht den Raum wunderbar eng, liegt nah umher wie Tücher, die man um die Stirn bekommt, wenn man Fieber hat. Am liebsten möchte es jetzt auf den Schoß genommen werden, ist aber doch schon ein großer Junge von sechs Jahren. Der Regen klopft, der Regen flüstert, der Regen lullt. Des Kindes Kopf sinkt auf die Hände, welche die Hölzchen nicht loslassen.

Nachmittags steht die Glastür weit auf. Am Himmel schleppen sich noch Wolkensäcke. Es rieselt und tropft im Garten. Der Vater meint, man könnte spazieren gehn. Das Kind bekommt den Kapuzenmantel angezogen. Der Vater nimmt es an der Hand. Sie gehn über den knirschenden Kies auf die lustig roten Ziegelsteine, mit denen die Sommerfrischenstraße gepflastert ist, dann aber nicht zwischen den Dünen zum Meer, sondern landeinwärts über die Wiese auf die Heide und in das alte Friesendorf. Das hat niedrige Häuser, die wie kniend in großen Steindämmen stecken. Der Vater erklärt, sie sind so untermauert, damit der Wind ihnen nichts anhaben kann. Da weht der Wind, als ob er das gehört hätte, auf einmal stärker und trägt einen neuen Regen herab. Der Vater zieht dem Kind die Kapuze des Mäntelchens über den Kopf. Das Kind schaut auf zu dem Vater, der mit gekniffenen Augen wie ein Seemann in die Ferne späht. Und dabei fällt dem Kinde die Kapuze tiefer über das Gesicht. Wie ein Blinder geht es an des Vaters Hand. Der Regen umher wird ein Bad, in das man im Traume steigt.

Oft erinnert sich später der junge Mensch, der aus dem Kinde geworden ist, an den Regenschlaf in Mutters Lied, an das Regenbad an Vaters Hand. Vielerlei Regen erlebt er, den erquickenden Frühlingsregen am Berliner Landwehrkanal, in den Kastanienbäume ihre Blütenkerzen tauchen, den Sommerregen am Luxembourggarten zu Paris, wo königliche Eisengitter wachsen zwischen den Bäumen drinnen im Garten und ihrem unterseeischen Spiegelbild im naß strahlenden Asphalt der Straße, reiche Tagesregen im bayrischen Gebirg und Tal, von denen das Fell der Herden und das Lodenkleid der Menschen noch lange weiter dunstet im Sonnenschein, kurze Abendregen auf den Quadern italienischer Städte, erregend und lullend zugleich wie ein Trunk vor dem Essen. Zu den alten Regenliedern der Mutter gesellen sich neue und darunter eines vom Regen, der nachläßt, ohne aufzuhören:

> Nichts kann dir mehr beginnen,
> noch ist dir nichts vollbracht.
> Du wehst aus allen Sinnen
> mit dem Wind in die Nacht.
>
> Was du gemeint dein Eigen,
> tropft von rauschenden Zweigen,
> dein Lachen und dein Weinen
> blinkt auf den Steinen.
>
> Nichts ist vordem gewesen,
> nichts wird nachdem geschehn.
> Laß all dein selig Wesen
> wehen, verwehn.

Regen hilft ihm vergessen, überdauern, heimkehren. Regen ist ganz aus irdischer Atmosphäre, näher als das verlockende Licht. Und als er einmal zurückkommt in die Stadt mit Einer, deren Finger noch feucht sind von Waldgras und Blumenblatt und über deren Wangen Tropfen rollen, begleitet sie ihn auf sein Zimmer, das sie noch nie betreten hat, um sich zu trocknen, nur um zu trocknen. Und während draußen der Abend rot wird, duftet es drinnen von mitgebrachten Blüten. Eine Weile vergeht, da meint sie, sie müsse nach Hause. Als aber die beiden aus dem Fenster sehn, hat sich der Himmel wieder bezogen und schon prasseln Tropfen schräg an die Scheiben – wie damals in der Veranda bei der Mutter. Da bleibt sie noch bei ihm. Und die bei ihm bleibt, wird die Frau seiner Jugend, die Mutter seiner Kinder, die Schwester seines Alters. Und daran ist der gute Regen schuld.

ROBERT WALSER
SOMMERFRISCHE

Was tut man in der Sommerfrische? Du mein Gott, was soll man viel tun? Man erfrischt sich. Man steht ziemlich spät auf. Das Zimmer ist sehr sauber. Das Haus, das du bewohnst, verdient nur den Namen Häuschen. Die Dorfstraßen sind weich und grün. Das Gras bedeckt sie wie ein grüner Teppich. Die Leute sind freundlich. Man braucht an nichts zu denken. Gegessen wird ziemlich viel. Gefrühstückt wird in einer lauschigen, sonnendurchstochenen Gartenlaube. Die appetitliche Wirtin trägt das Frühstuck auf, du brauchst nur zuzugreifen. Bienen summen um deinen Kopf herum, der ein wahrer Sommerfrischenkopf ist. Schmetterlinge gaukeln von Blume zu Blume, und ein Kätzchen springt durch das Gras. Ein wunderbarer Wohlgeruch duftet dir in die Nase. Hiernach macht man einen Spaziergang an den Rand eines Wäldchens, das Meer ist tiefblau, und muntere braune Segelschiffe fahren auf dem schönen Wasser. Alles ist schön. Es hat alles einen gewinnenden Anstrich. Dann kommt das reichliche Mittagessen, und nach dem Mittagessen wird unter Kastanienbäumen ein Kartenspiel gespielt. Nachmittags wird im Wellenbad gebadet. Die Wellen schlagen dich mit Erfrischung und Erquickung an. Das Meer ist bald sanft, bald stürmisch. Bei Regen und Sturm bietet es einen großartigen Anblick dar. Nun kommen die schönen stillen Abende, wo in den Bauernstuben die Lampen angezündet werden und wo der Mond am Himmel steht. Die Nacht ist ganz schwarz, kaum durch ein Licht unterbrochen. Etwas so Tiefes sieht man nirgends. So kommt ein Tag nach dem andern, eine Nacht nach der andern, in friedlicher Abwechslung. Sonne, Mond und Sterne erklären dir ihre Liebe, und du ihnen ebenfalls. Die Wiese ist deine Freundin, und du ihr Freund, du schaust während des Tages öfters hinauf in den Himmel und hinaus in die weite zarte weiche Ferne. Am Abend, zur bestimmten Stunde, ziehen die Rinder und Kühe ins Dorf hinein, und du schaust zu, du Faulenzer. Ja, in der Sommerfrische wird ganz gewaltig gefaulenzt, und eben das ist ja das Schöne.

THOMAS MANN
MEIN SOMMERHAUS

Man möchte doch auch wieder einmal sein Scherflein beitragen zur Unterhaltung und Belehrung, und so habe ich mich denn an die verehrliche Vortrags-Kommission gewandt mit dem Vorschlage, Ihnen heute etwas zu erzählen – nicht von literarischen Dingen. Ich höre zwar gern von Literatur sprechen und möchte dabei erinnern, daß Rotarier Bruno Frank uns schon lange keine seiner beliebten Bücher-Revuen geliefert hat. Ich selbst ziehe das Nichtliterarische vor und habe nun überlegt, welches Thema ich wählen soll, nachdem man mir so interessante Dinge wie »Aluminium« oder »Versicherungswesen« schon vorweggenommen hat. Was bleibt denn da für einen armen Poeten übrig an Dingen, die zugleich konkret und poetisch sind? Ich habe an eine Landschaft gedacht, und zwar an die Landschaft, die mir in letzter Zeit besonders ans Herz gewachsen ist: die Kurische Nehrung.

Fast wundere ich mich über meine Wahl. In meiner Jugend, sagen wir noch vor fünfzehn Jahren, hätte ich mir ein solches Thema nicht ausgesucht. Der Sinn des Auges, das optische Vergnügen, die Fähigkeit, die äußere Welt mit einer gewissen unschuldigen Hingabe und Offenheit zu genießen, ist etwas Spätes. Der Jüngling ist ein nach innen gekehrter, spröder, eher asketischer Mensch, vielleicht nicht in der Regel, aber die Erfahrung lehrt, daß es vorkommt. Die Empfänglichkeit des Auges kommt erst später, und dies brachte mich auf die Wahl meines heutigen Themas. Ich habe eine starke Sympathie für diese Landschaft.

Die Kurische Nehrung ist der schmale Landstreifen zwischen Memel und Königsberg, zwischen dem Kurischen Haff und der Ostsee. Das Haff hat Süßwasser, das auch durch eine kleine Verbindung mit der Ostsee bei Memel nicht beeinträchtigt wird, und birgt Süßwasserfische. Der Landstreifen ist ca. 96 km lang und so schmal, daß man ihn in 20 Minuten oder einer halben Stunde bequem vom Haff zur See überqueren kann. Er ist sandig, waldig und sumpfig. Meine Worte können Ihnen keine Vorstellung von der eigenartigen Primitivität und dem großartigen Reiz des Landes geben. Ich möchte mich hier auf Wilhelm von Humboldt berufen, der dort war, und speziell von Nidden so erfüllt war, daß er erklärte, man müsse diese Gegend gesehen haben, wie man Italien oder Spanien gesehen haben müsse.

Bei meiner Beschreibung will ich mich nun ganz einfach an die Himmelsrichtungen halten. Jede zeigt eine Sehenswürdigkeit, die die Fremden anzieht.

Wir sind im Sommer immer gern an die See gegangen, und man empfahl uns da eines Tages, die samländische Küste zu besuchen. Wir waren schon einige Wochen in Rauschen. Dies ist ein ziemlich triviales Ostseebad, wie es viele gibt, und wir sehnten uns nach etwas anderem. Man schlug uns vor, die Nehrung zu besuchen. Gut, wir fuhren also für einige Tage nach Nidden auf der Kurischen Nehrung und waren so erfüllt von der Landschaft, daß wir beschlossen, dort Hütten zu bauen, wie es in der Bibel heißt. Dies ist zwar bei uns nichts Neues, denn wir beschließen es phantasieweise fast überall, sei es bei St. Moritz oder Assuan. Aber diesmal war es ernster. Der Eindruck war tief. Man findet einen erstaunlich südlichen Einschlag. Das Wasser des Haffs ist im Sommer bei blauem Himmel tiefblau. Es wirkt wie das Mittelmeer. Es gibt dort eine Kiefernart, Pinien ähnlich. Die weiße Küste ist schön geschwungen, man könnte glauben in Nordafrika zu sein. Wir faßten einen Hügel am Haff ins Auge und begannen mit einem Bauplatz zu kokettieren. Als wir abreisten, hatten wir uns soweit gebunden, daß wir nicht mehr zurückgekonnt hätten, selbst wenn wir gewollt hätten. Durch Vermittlung Einheimischer kam ein Pachtvertrag mit der Litauischen Forstverwaltung zustande, eine Memeler Architektenfirma wurde engagiert, und so bauten wir brieflich ein Holzhaus. Alles war furchtbar einfach, nur Holz und Schleiflack. Als der nächste Sommer kam, stand das Haus fix und fertig da. Wir kamen an und saßen auf der Veranda unseres Häuschens, als ob es schon immer so gewesen wäre.

Im Osten über dem Haff steigt morgens die Sonne auf. Das Haff ist das Hauptarbeitsgebiet der Fischersleute. Im Fischerdorf findet man an den Häusern vielfach ein besonders leuchtendes Blau, das sogenannte Niddener Blau, das für Zäune und Zierate benützt wird. Alle Häuser, auch das unsere, sind mit Stroh- und Schilfdächern gedeckt und haben am Giebel die heidnischen gekreuzten Pferdeköpfe. – Genau so machte man es bei unserem Haus. Es ist ein Holzhaus mit Schilfdach und am blauen Giebel zwei gekreuzte Pferdeköpfe. – Unten ist eine offene Veranda, dahinter liegt das Eßzimmer. Alles andere sind Schlafzimmer. Nur eines im ersten Stock ist für mich als Arbeitszimmer eingerichtet. Von hier habe ich einen weiten Blick über das Wasser bis zur ostpreußischen Küste, die man aber nur sehr selten sehen kann.

Wie ich schon sagte, ist das Haff das Hauptarbeitsgebiet der Fischer. Jeden Nachmittag sieht man ihre kleine Segelflottille, wenn das Wetter es nur irgend erlaubt, hinausfahren. Sie fischen nur nachts und kehren morgens zurück mit Hechten, Zandern. Schollen und Aale kommen aus der Ostsee. Mit russisch anmutenden Wägelchen werden sie von ihren Frauen mitsamt der Beute abgeholt. Der Menschenschlag ist unschön, aber sehr freundlich. Er hat sehr starken slawischen Einschlag mit starken Backenknochen, blauen wäßrigen Augen. Sie sind dreisprachig und sprechen deutsch, litauisch und kurisch. Wenn sie deutsch sprechen, wirken sie wiederum sehr russisch. Litauisch und kurisch sind sehr eigentümliche Sprachen. Litauisch hat einen leichten russischen Einschlag. Kurisch soll dem Sanskrit sehr nahestehen, so nahe wie sonst keine heutige Sprache. Ihr Leben ist rauh und oft sehr schwer. Das Haff erscheint harmlos, kann aber unter Umständen außerordentlich bösartig sein, besonders im Herbst. Im Sommer sind die Blitzschläge gefährlich. Ich habe erlebt, wie man einen Fischer, der vom Blitzschlag gelähmt wurde, aus seinem Boot hob. Allerdings erholte er sich nach ein paar Tagen in einer Memeler Klinik wieder.

Im Süden liegen die großen Dünen, ein wirklich sehr

merkwürdiges Naturphänomen. Sie gehören zu den Hauptsehenswürdigkeiten für die Fremden und haben wohl Humboldt hauptsächlich zu seiner Äußerung veranlaßt. Sie sind eine halbe Stunde von unserem Häuschen entfernt, auf einem sehr reizvollen Weg zu erreichen vorbei an einer Bucht, die wir Portofino genannt haben. Die ungeheuren Sandwände der Düne soll man lieber nicht hinaufklettern, denn das Herz wird dabei sehr angestrengt. Kennen Sie die Dünen bei List auf Sylt? Man muß sie sich verfünffacht denken, man glaubt in der Sahara zu sein. Der Eindruck ist elementarisch und fast beklemmend, weniger wenn man sich auf den Höhen befindet und beide Meere sieht, als in den tiefen eingeschlossenen Gegenden. Alles ist weglos, nur Sand, Sand und Himmel. Immer wieder überkommt mich hier der Eindruck des Elementarischen, wie ihn sonst nur das Hochgebirge oder die Wüste hervorruft. Die Farbenpracht ist unvergleichlich, wenn der Osthimmel das Feuerwerk des westlichen widerspiegelt. Diese Farbenpracht ist unbeschreiblich. Zarteste Pastellfarben in Blau und Rosa, und der federnde Boden ist geschmückt mit den feinen Wellenlinien, die der Wind hineinzeichnet. Auch auf einer Segelbootfahrt hat man diesen unbeschreiblich schönen Eindruck.

Ich wende mich nun nach Norden. Dort ist wieder ein Attraktionspunkt. Der Elchwald. Die Niddener Elche sind sehr berühmt. Elche kommen ja in Europa kaum noch auf freier Wildbahn vor. Man fährt im Wagen hinaus zum Elchwald. Es ist ein Wald von russischem Charakter, und man spürt auch hier die Nähe Osteuropas. Sumpf mit Birken und Fichten. So wie die russische Landschaft von Turgenjew beschrieben wird. Zum Elchwald zu fahren verursacht unendliche Spannung. Wir fahren mit einem Wägelchen hinaus. Allein schon diese Fahrt erhöht die Spannung. Es geht durch tiefes Wasser, man fährt über

Bäume, die niedergedrückt werden und sich dann wieder aufrichten. Ich bin gewiß, dieser lange Weg ist sicher nicht nötig, und es gibt sicher einen viel näheren und weniger unbequemen, aber der Kutscher fährt nun diesen Weg, und es ist schön, so in Spannung dem Kommenden entgegenzufahren. Der Anblick des ersten Tieres ist ein sehr imposanter Eindruck, in dieser eigenartigen Umgebung, die großen wilden Tiere zu sehen. Sie sind eine Mischung von Rind, Pferd, Hirsch, Kamel und Büffel, sehr langbeinig mit breit ausgeladenem Geweih. Auf diesen langen Beinen schreiten sie langsam dahin, ohne Furcht zu zeigen, und man hat volle Muße, dieses eigentümliche Wesen in Augenschein zu nehmen und zu knipsen. Man sieht Elchkühe mit ihren Jungen allein. Die Männchen halten sich in der Regel abgesondert wie ein Herrenclub. Sie liegen weiter im Wald auf einer Wiese. Ihre Geweihe haben einen Überzug, der sie wie bemoost scheinen läßt und samtartig aussieht. Die Tiere bleiben ganz ruhig liegen. Sie stehen nur auf, wenn unsere Kinder die eigenartigen glucksenden Laute, die sie von den Dorfkindern gelernt haben, ausstoßen, auf die sie dann horchen und dem Wagen ruhig nachblicken.

Und nun komme ich zu der Hauptsache, zum Meer, diesem Meer, das man überall hört und zu dem alle Wege hinführen und zu dem ich an jedem Tag nach meiner Arbeit hinübergehe. Viele sandige Dünenwege führen dorthin. Bevor man den windschiefen Wald am Meer erreicht, geht man auf einer Höhe ca. 50 m und hat dann schon auf halbem Wege das Meer vor Augen. Weit breitet es sich vor einem aus. Jeden Tag hat es ein anderes Gesicht. Bei Sturm ist es schwarz mit grünen Kämmen, wie im Märchen vom ›Fischer un siner Fru‹. Geht man weiter durch den windschiefen Wald, kommt man in ein bewachsenes Dünengelände und ist dann endlich am Strand, an der

Ostsee, einer Ostsee, wie ich sie noch gar nicht kannte. Sie ist vollkommen offen nach Westen bis nach Schweden hinüber, und stark wie an der Nordsee ist die Brandung bei Westwind. Die Brandung ist von eigenartiger Großartigkeit. Auch hier haben Meer und Strand einen primitiven, elementaren Charakter. Ich denke zuweilen, daß das Meer, das Hochgebirge im Schnee und die Wüste eine Kategorie von Naturerscheinungen für sich ist. Wer nicht den nötigen Respekt vor dem Meer hat, kann leicht zu Schaden kommen. Die Wellen haben selbst ganz nahe am Strand noch eine Kraft, daß man glaubt, Löwenpranken schlügen auf die Schultern. Im Sog ist schon mancher zu Schaden gekommen. Schwimmt man zu weit hinaus, so gerät man in diesen Sog, der einen immer wieder zurückzieht und gegen den alle Anstrengungen vergeblich sind. Mancher, der in diesen Sog geriet, wurde nachher mit geplatzten Lungen aufgefunden. Man beklagt ihn dann, aber im Grunde hat er es sich selbst zuzuschreiben, weil er eben nicht genügend Respekt vor dem Meere hatte. Der Strand empfiehlt sich nicht durch Komfort. Nur wir haben einen Strandkorb, alle anderen Gäste bauen sich Sandburgen.

Ich freue mich heute schon wieder auf unseren nächstjährigen Aufenthalt in Nidden. Der eigenartige Charakter dieses Landstriches hat nichts Einschmeichelndes, er ist nicht schön im konzilianten Sinne, aber er kann einem ans Herz wachsen, davon kann ich ein Lied singen und habe es heute versucht. Ich kann meine Worte nicht passender schließen als mit dem Wunsche, daß der eine oder andere von Ihnen mich besuchen möge oder wie Goethe unter ein Bild seines Hauses am Frauenplan schrieb – und es stehen Leute davor –

>»Kämen sie getrost herein,
>Würden wohl empfangen sein.«

WALTER BENJAMIN
IN DER SONNE

Siebzehn Arten von Feigen gibt es, wie es heißt, auf der Insel. Ihre Namen – sagt sich der Mann, der in der Sonne seinen Weg macht – müßte man kennen. Ja man müßte die Gräser und die Tiere nicht allein gesehen haben, die der Insel Gesicht, Laut und Geruch geben, die Schichtungen des Gebirges und die Arten des Bodens, der vom staubigen Gelb bis zum violetten Braun geht, mit den breiten Zinnoberflächen dazwischen – sondern vor allem ihren Namen müßte man wissen. Ist nicht jeder Erdstrich Gesetz einer nie wiederkehrenden Begegnung von Gewächsen und Tieren und also jede Ortsbezeichnung eine Chiffre, hinter welcher Flora und Fauna ein erstes und ein letztes Mal aufeinandertreffen? Aber der Bauer hat ja den Schlüssel der Chiffreschrift. Er kennt die Namen. Dennoch ist es ihm nicht gegeben, über seinen Sitz etwas auszusagen. Sollten die Namen ihn wortkarg machen? Dann fällt die Fülle des Worts nur dem zu, der das Wissen ohne die Namen hat, die Fülle des Schweigens aber dem, der nichts hat als sie?

Gewiß stammt der, der so im Gehen vor sich hin sinnt, nicht von hier, und kamen ihm daheim Gedanken unter freiem Himmel, so war es Nacht. Nur mit Befremden ruft er sich ins Gedächtnis, daß ganze Völker – Juden, Inder, Mauren – ihr Lehrgebäude unter einer Sonne sich errichtet haben, die ihm das Denken zu wehren scheint. Diese Sonne steht sengend in seinem Rücken. Harz und Thymian schwängern die Luft, in der er, atemholend, zu ersticken glaubt. Eine Hummel schlägt an sein Ohr. Noch hat er ihre Nähe kaum erfaßt, da hat der Strudel der Stille sie schon wieder fortgezogen. Die achtlos preisgegebene Botschaft vieler Sommer – zum erstenmal stand sein Ohr ihr offen, und da brach sie ab. Der fast verwischte Pfad wird breiter; Spuren führen auf einen Meiler. Dahinter duckt im Dunst sich das Gebirge, nach dem die Blicke des Steigenden Ausschau hielten.

Auf seiner Wange wird etwas Kaltes spürbar. Er hält es für eine Fliege und schlägt danach. Aber es ist nur der erste Schweißtropfen. Bald kommt der Durst. Er kommt nicht aus dem Gaumen, sondern aus dem Bauch. Von dort verbreitet er sich überall, den Leib, so groß er ist, in dem Vermögen unterweisend, den kümmerlichsten Hauch aus allen Poren einzusaugen und zu trinken. Das Hemd ist längst von seiner Schulter abgeglitten, und wenn er, um sie vor dem Sonnenbrand zu schützen, es an sich zieht, ist ihm, als ob er einen nassen Umhang handhabt. In einer Senkung werfen Mandelbäume ihren Schatten dem Stamm zu Füßen. Mandeln sind der Reichtum des Landes. Keine Frucht erhält der Bauer besser bezahlt. Um diese Zeit ist es die einzig reife und angenehm im Schreiten, nach den Zweigen auszugreifen. Die Hand trennt sich nur schwer auch von entkernten Schalen. Sie führt sie eine Zeitlang mit, läßt sie in einer Strömung treiben, die sie selbst dahin reißt. Reif sind die Kerne, doch nicht ganz; der Saft in ihnen ist frischer als nachher, wenn ihre Haut braun und nicht mehr zu lockern ist. Jetzt hat sie noch die Farbe des Elfenbeins, wie die Ziegenkäse und Frauenmieder. Elfenbeinern ist ihr Geschmack. Wer sie zwischen den Zähnen hat, hört ungerührt im Laub der Feigenbäume Quellen rauschen. Die Feigen aber stecken, grün und hart, kaum sichtbar, in den Blattachseln. Der Augenblick ist gekommen, da nur die Bäume zu leben scheinen. In den Pinien klirren Zikaden; ihr Lärm klingt aus den staubigen Feldern wider. Die liegen nun abgeerntet mit dem plumpen Ausdruck derer, die alles weggegeben haben. Ihre letzte Habe, der Schatten, schrumpft, eingesammelt am Fuße der hohen Mieten. Denn es ist die Stunde der Sammlung.

Die Wälder selber liegen um die Kuppen, als hätte die Harke des Sommers sie eingebracht. Nur Weiden stehen vereinzelt in den Stoppeln, und ihr Laub glänzt schwarz und weißlich wie Tulasilber. Keins ist bewimpelter und dennoch spröder, reicher an Winken, die kaum mehr vernommen werden. Dennoch trifft ihrer einer den Vorübergehenden. Der Tag, da er mit einem Baum gefühlt hat, kommt ihm in den Sinn. Damals bedurfte es nur derer, die er liebte – sie stand, um ihn recht unbekümmert, auf dem Rasen – und seiner Trauer oder seiner Müdigkeit. Da lehnte er den Rücken gegen einen Stamm, und nun nahm der sein Fühlen in die Lehre. Er lernte mit ihm, wenn er zu schwanken anfing, Luft zu schöpfen und auszuatmen, wenn der Stamm zurückschwang. Freilich war das nur der gepflegte von einem Zierbaum und unausdenkbar das Leben dessen, der von diesem rissigen lernen könnte, der, weitgespalten, dreifach überm Boden auslädt und eine unerforschte Welt begründet, die in drei Himmelsrichtungen sich aufteilt. Kein Pfad erschließt sie. Doch während er unschlüssig einem folgt, der jeden Augenblick ihn zu verraten droht, bald Miene macht als Feldweg auszulaufen, bald vor einem Dornverhau abzubrechen, hat er als Mann sich wieder in der Hand, wenn sich die Quadern zu Terrassen stufen und Wagenspuren, darin eingedrückt, auf eine Hofstatt in der Nähe deuten.

Kein Laut macht die Nachbarschaft solcher Siedlungen kenntlich. In ihrem Umkreis scheint die Mittagsstille verdoppelt. Aber nun lichten sich die Felder, treten, um einer zweiten, einer dritten Bahn die Gegend freizugeben, auseinander, und während längst die Mauern und die Tennen sich hinter Kuppen Landes oder Laubes verborgen haben, eröffnet in der Verlassenheit der Äcker sich der Kreuzweg, welcher die Mitte stiftet. Nicht Chausseen und Poststraßen sind es, die sie heraufführen, aber auch nicht Schneisen und Wildpfade, sondern da ist ihr Ort, wo im offnen Land sich die Wege begegnen, auf denen seit Jahrhunderten Bauern und ihre Frauen, Kinder und Herden von Feld zu Feld, von Haus zu Haus, von Weideplatz zu Weideplatz sind unterwegs gewesen und selten so, daß sie am gleichen Tag nicht wieder unter ihrem Dach geschlafen hatten. Der Boden hier klingt hohl, der Laut, mit welchem er dem Tritt erwidert, tut dem wohl, der unterwegs ist. Mit diesem Klange legt ihm die Einsamkeit das Land zu Füßen. Wenn er an Stellen, die ihm gut sind, kommt, weiß er, sie ist es, welche sie ihm angewiesen hat; sie hat ihm diesen Stein zum Sitz, diese Mulde zum Nest für seine Glieder angewiesen. Aber er ist schon zu müde, um inne zu halten, und während er die Gewalt über seine Füße verliert, die ihn viel zu schnell tragen, gewahrt er, wie sich seine Phantasie von ihm gelöst hat und, gegen jenen breiten Hang gelehnt, der in der Ferne seinen Weg begleitet, nach eignem Sinn auf ihm zu schalten anfängt. Verrückt sie Felsen und Kuppen? Oder berührt sie sie nur wie mit einem Anhauch? Läßt sie keinen Stein auf dem andern oder alles beim alten?

Es gibt bei den Chassidim einen Spruch von der kommenden Welt, der besagt: es wird dort alles eingerichtet sein wie bei uns. Wie unsre Stube jetzt ist, so wird sie auch in der kommenden Welt sein; wo unser Kind jetzt schläft, da wird es auch in der kommenden Welt schlafen. Was wir in dieser Welt am Leibe tragen, das werden wir auch in der kommenden Welt anhaben. Alles wird sein wie hier – nur ein klein wenig anders. So hält es die Phantasie. Es ist nur ein Schleier, den sie über die Ferne zieht. Alles mag da stehen wie es stand, aber der Schleier wallt, und unmerklich verschiebt sich's darunter.

Es ist ein Wechseln und Vertauschen; nichts bleibt und nichts verschwindet. Aus diesem Weben aber lösen mit einmal sich Namen, wortlos treten sie in den Schreitenden ein, und während seine Lippen sie formen, erkennt er sie. Sie tauchen auf, und was bedarf es länger dieser Landschaft? Auf jeder namenlosen Ferne drüben ziehen sie vorüber, ohne eine Spur zu hinterlassen. Namen der Inseln, die dem ersten Anblick wie Marmorgruppen aus dem Meer sich hoben, der Schroffen, die den Horizont schartig machten, der Sterne, die im Boot ihn überraschten, wenn sie im frühen Dunkel auf Posten treten. Das Schwirren der Zikaden ist verstummt, der Durst vergangen, der Tag verpraßt. Von unten aus der Tiefe schlägt es an. Ein Hundebellen, ein Steinfall oder ein ferner Zuruf? Während der Lauschende es noch zu sondern trachtet, sammelt sich Ton für Ton in seinem Innern die Glockentraube. Nun reift und schwillt sie in seinem Blut. Lilien blühen im Winkel der Kaktushecke. In der Ferne zieht auf den Feldern zwischen Oliven- und Mandelbäumen ein Wagen vorüber, aber geräuschlos, und wenn die Räder hinterm Laub verschwinden, so scheinen überlebensgroße Frauen, mit dem Gesicht ihm zugewandt, reglos durch das reglose Land zu wallen.

ROBERT WALSER
SOMMER

Im Sommer ißt man grüne Bohnen,
Pfirsiche, Kirschen und Melonen.
In jeder Hinsicht schön und lang,
bilden die Tage einen Klang.

Durch Länder fahren Eisenbahnen,
auf Häusern flattern lust'ge Fahnen.
Wie ist's in einem Boote schön,
umgeben von gelinden Höhn.

Das Hochgebirge trägt noch Schnee,
die Blumen duften. Auf dem See
kann man mit Glücklichsein und Singen
vergnügt die lange Zeit verbringen.

Reich bin ich durch ich weiß nicht was,
man liest ein Buch und liegt im Gras
und hört von üb'rall her die dummen
unnützen Mücken, Fliegen summen.

ERNST BLASS
SONNTAGNACHMITTAG

Die Töchter liegen weiß auf dem Balkon.
In Oberhemden spielen Väter Kachten:
Ein Roundser steigt nach einem Full von Achten.
– Und singen tut sich eins der Grammophon.

In Straßen, die sich weiß wie Küsse dehnen,
Sind Menschen viel, die sich nach Liebe sehnen.
Noch andre sitzen in Cafés und warten
Die Resultate ab aus Hoppegarten.

Der Dichter sitzt im luftigsten Café,
Um sich an Eisschokolade zu erlaben.
Von einem Busen ist er sehr entzückt.

Der Oberkellner denkt hinaus (entrückt)
An Mädchen, Boote, Schilf, ... an Schlachtensee.
Der Dichter träumt »... und werde nie sie haben ...«

JAKOB HARINGER
SOMMERLIED

Freu dich, daß die Blumen duften
Süß bei Bauernbrot und Speck –
Laß die Schurken und die Schuften,
Laß den ganzen, ganzen Dreck!
Und die Sonne schimmert golden,

Und das Bier ist gut und frisch,
Schmetterling und Lindendolden
Flattern auf den Gartentisch.
Was gekommen, was gegangen –
Allem trink' ich lustig zu!
Keine Wünsche, kein Verlangen
Stört die liebe Sommerruh'.
Und im Herz blühn Mohn und Lerchen,
Und du lachst so wunderbar,
Kind! Mit deinen alten Märchen
Täusche nicht mein graues Haar!
Denn ich lernt' mich längst bescheiden,
Unnütz war, was all geschah . . .
Blaue Nacht! Du nahst so seiden,
Und die Sterne sind schon da – – –

ERNST WALDINGER
KLEINES SCHWIMMBAD IN SAUERBRUNN

Die krähnden Jungfern Klosevich verwalten
Das Schwimmbad, das sie nicht zu sauber halten;
Astlöchrig ist die Holzwand und sie trennt
Die Herrn und Damen; starke Sonne brennt
Aufs Teerdach, sättigt die Kabinenplanken;
Es riecht nach Algen, Tannenharz; wie kennt
Der nackte Fuß des nassen Sprungbretts Schwanken,
Eh' er es noch betritt und drüber rennt!

Es huscht ein Glanz, ein salamandergelber,
Auf dem Geländer; Ferien von sich selber
Nahm man noch nicht; noch war ein Recht der Traum:

Wir tauchten, spritzten, prusteten im Schaum,
Wir schüttelten die Tropfen ab, die Gnaden
Von Wogenarmen, und vom Himmelssaum
Schwoll heiß die Luft heran; um Brust und Waden
Wie wohlige Liebkosung griff der Raum.

Durchs Astloch äugten wir hinüber, spähten
Frech nach den Mädchen; ihre Blusen blähten
Im Wind sich, ihre Röckchen legten dann,
Wenn sie dem Bad entstiegen, dicht sich an,
Des Schoßes Hügel zeichnend – sahn wir schimmern
Die Schenkel weiß, von denen Wasser rann,
Die goldnen Härchen auf den Beinen flimmern,
Und standen lang und atemlos im Bann.

DR. OWLGLASS
SOMMERLICHE KONFLIKTE

Und wieder weilt der Mensch im Grünen
und sieht, entsetzt teils, teils ergetzt,
die Wälder, Wiesen, Wässer, Dünen
mit Weiberreizen dicht besetzt.

Der Jüngling, töricht wie ein Falter,
schwirrt her und hin und saugt und trinkt.
Jedoch das kluge Mittelalter
mißtraut dem tierischen Instinkt.

So mancher Herr, der im Äquator
des Lebens und Berufes steht,
so mancher brave Kalkulator
fühlt sich vom Zweifel angeweht.

Ihn stechen der Erwägung Wespen
und rauben ihm die Seelenruh':
»Treib' ich dem Wendekreis des Krebsen,
treib' ich dem Kreis des Bockes zu?«

JOACHIM RINGELNATZ
SOMMERFRISCHE

Zupf dir ein Wölkchen aus dem Wolkenweiß,
Das durch den sonnigen Himmel schreitet.
Und schmücke den Hut, der dich begleitet,
Mit einem grünen Reis.

Verstecke dich faul in der Fülle der Gräser.
Weil's wohltut, weil's frommt.
Und bist du ein Mundharmonikabläser
Und hast eine bei dir, dann spiel, was dir kommt.

Und laß deine Melodien lenken
Von dem freigegebenen Wolkengezupf.
Vergiß dich. Es soll dein Denken
Nicht weiter reichen, als ein Grashüpferhupf.

KURT TUCHOLSKY
DREISSIG GRAD

Das ist die Zeit der dicken Sommerhitze.
Das Thermometer kocht. Die Sonne strahlt.
Die gnädige Frau hats warm; ich Plebs, ich schwitze –
in blauem Badehöschen, eindrucksvoll bemalt.

Am hellen Strand läuft eine leichte Brise
und legt sich wieder – nein, das wird kein Wind.
Jetzt ist August, da hatten wir die Krise,
wie so die deutschen Sommerkrisen sind.

Da hinten badet eine fette Dame.
Es steigt das Meer, wenn sie ins selbe tritt.
Sag an, Sylphide, ist vielleicht dein Name
Germania? Nehm ich dich als Sinnbild mit?

Es rinnt der Sand. Da schleicht sich ein Vehikel –
wohl gar mit Butter? – übern Dünendamm.
Bei mir langts nur noch für den Leitartikel –
was Kluges bring ich heut nicht mehr zusamm.

Wie lang ists her – da war in diesen Wochen
in angenehmer Weise gar nichts los.
Man hat nur faul den faulen Tang gerochen . . .
Heut kommen Kunz und Hintze angekrochen –
   Du liebe Zeit, wie bist du heiß und groß!

BERTOLT BRECHT
HEISSER TAG

Heißer Tag. Auf den Knien die Schreibmappe
Sitze ich im Pavillon. Ein grüner Kahn
Kommt durch die Weide in Sicht. Im Heck
Eine dicke Nonne, dick gekleidet. Vor ihr
Ein ältlicher Mensch im Schwimmanzug,
    wahrscheinlich ein Priester.
An der Ruderbank, aus vollen Kräften rudernd
Ein Kind. Wie in alten Zeiten! denke ich
Wie in alten Zeiten!

GEORG BRITTING
DER SOMMER IST FÜRCHTERLICH

Der Sommer ist fürchterlich:
Seht ihn nur toben!
Wie kann man ihn loben,
Der seine Lanzen wirft,
Uns zu erstechen –
Und daß sie aus Gold sind
Und nicht aus Eisen
Wie sonst die Messer,
Macht es nicht besser!

Wie kann man ihn preisen,
Den blauen Himmel
Mit seinen weißen

Wolken im Freudentanz?
Er tut den Augen weh,
All dieser Glanz!

Die wilden Blumen sind
Wie Feuerräder
Über dem Gras im Wind.
Später, am Abend, glüht
Wie sie der Mond.

Es blitzen die Schlangen
Durch Dorn und Gesträuche,
Und die Kreuzotter
Im spiegelnden glatten
Kleid darfst du erschlagen –
Grün surren die Fliegen dann
Über dem Aas bald!

Hätt er nicht den schwarzen
Schatten, der Wald,
Und die Quelle froschkalt,
Wär nicht zu ertragen
Die hitzige Zeit.

HANS MORGENTHALER
SOMMERNACHMITTAG

Stille Bank unter den Lauben
Im Restaurant Bella Vista,
Wo ich, Romane erlebend,
Meinen Abendwein trinkend
Dich, Schöne, so oftmals bewundert habe.

Grün leuchtet, noch sonnebeschienen,
Saftig wie ein Niesen von Hodler
Der Berghang von Campione
Durch die Arkaden
In meine schon dämmrige Kühle.

Von hundert Wildwassern zerfurcht,
Blendend weiße Alphütten im Grün,
Wald, Weiden, grasige Hänge mit Blumen,
Über den Himmel große Sommerwolken ziehn.

Auf der Piazza vor meiner Bank
Spielen anmutige Menschen vorüber,
Denen ich mit nichts verpflichtet bin
Und die doch alle für meine verliebten
Augen da sind.

HERMANN HESSE
TAGEBUCHBLATT

1. Juli

Es ist heißer Sommer geworden, mit öfteren heftigen Gewittern, etwas launisch und wetterwendisch, aber kräftig und wüchsig, das Laub und die Kastanienblüte von gewaltiger Fülle und Üppigkeit, die Beeren überreich wie seit Jahren nicht. Ich habe das Haus verlassen, um die Augen auszuruhen und eine Weile im Freien zu sein, und stehe unten im Garten bei meinem Feuerplatz nahe der Hecke, der Fußweg liegt eine Strecke weit schwarz voll großer gefallener Maulbeeren. Ich schichte meinen Köhlermeiler zurecht, es ist viel Papier zu verbrennen, und ich meide das Haus mit etwas schlechtem Gewissen, denn es herrscht dort festliche Bedrängnis, morgen ist Geburtstag, und begonnen hat er schon vor Tagen mit Briefen in großer Zahl, Drucksachen, Bücherpaketen, und auch manche Freundesgaben sind schon angekommen; bei der Haustür steht eine Kiste mit Wein vom gesegneten Südhang des Schlosses Girsberg, es liegen Rollen da, die Zeichnungen, Radierungen und Noten enthalten, zumeist Liederkompositionen. Der schwäbische Maler Hugo Geißler hat eine schöne Zeichnung des Hauses gesandt, das ich mir vor fünfzig Jahren am Bodensee gebaut habe; die Bäume und Hecken darum sind groß geworden, doch kenne ich alles wieder und denke der Zeit, da ich in diesem neugebauten Hause und seinem neu angelegten Garten den jungen schwäbischen Dichter Martin Lang so oft als Gast und Mitarbeiter bei mir hatte. Ach, auch von ihm liegt etwas bei den vielen Postsachen, ein mir gewidmetes märchenhaftes Prosastück, aber nicht mehr er selbst hat es mir geschickt, er ist, er, der niemals krank war, neulich plötzlich davongegangen und verschwunden. Er, der Pfarrerssohn von der Schwäbischen Alb, hat damals in seiner Jugendfrische des öftern mein Leben mitgelebt und erhellt, wir haben miteinander geplaudert, gedichtet, orplidische Mythologien erfunden, im Garten gearbeitet, Wein getrunken, Feuerwerk abgebrannt und Schmetterlinge gesammelt. Wie viele Freunde hat dies Jahr mir schon genommen! Doch denke ich ihrer heute ohne Trauer, sie leben fort, sie gehen durch meine Gedanken und Träume nicht anders, als da sie lebten.

Ich habe mein Feuer angezündet und bin mit einem hohen Haufen noch halbgrüner Äste und Zweige beschäftigt, sie sind Überbleibsel der letzten schweren Gewitterstürme und hauptsächlich des großen Mordes, der im Frühling auf Verordnung des Forstamtes an meinem Wald begangen worden ist, es liegen da und dort noch große Stapel von Ästen und Rindenriemen, Stoff für Hunderte von Feuern. Ich zerkleinere, was heut verbrannt werden soll, und scheide die stärkern Stücke für den Wintervorrat aus. Ich knicke und breche die Zweige, vergesse allmählich die oben wartende festliche Post, die uns ohnehin für lange Zeit zu tun geben wird, und an Stelle der gewissen Bangigkeit vor all dieser Arbeit kommt ein eher fröhliches Gefühl in mir auf, Anklang an die gespannt erwartungsvolle Festvorfreude jener Geburtstage der Knabenzeit, als dieser Tag noch keine Briefe brachte und die Geschenke aus einem Knäuel Angelschnur, ein paar Bogen Schreibpapier und einem Glastöpfchen voll Honig aus Onkel Friedrichs »Gütle« bestanden. Das lag und stand auf einem kleinen Tischchen, dazu ein runder Kirschkuchen mit so vielen brennenden Kerzen, als meinem Alter zustanden, und vor das Tischchen führte mich die Mutter an der Hand, und wir alle sangen das Geburtstagslied, in das auch der Papagei Polly oboenhafte Jubeltöne mischte. So etwas noch einmal zu erleben, würde einem das alte Herz sprengen.

Doch hat die Freude und haben die Wunder nicht aufgehört. Während ich stand und Holz brach und mit den lang gestorbenen Lieben Gemeinschaft hatte, kam wie ein goldener Blitz aus blauem Sommermorgenhimmel etwas Fremdes geschossen, hell gelbgrün leuchtend, schwirrte an meinem Kopf vorbei, war im Weißdorn verschwunden, kam aber alsbald wieder hervorgeflogen und setzte sich zu meinen Füßen in die Zweige und war ein Papagei, ein Sittich, ein irgendwoher entkommener und mir zugeflogener Fremdling aus schönen Welten.

»Ja, wo kommst denn du her?« fragte ich ihn, und es war ein Glück, daß ich aus jenen Jugendtagen her die Papageiensprache konnte. Der schöne leuchtende Vogel verstand mich zwar nur halb, denn ich sprach die Sprache Pollys, der ein grauer rotschwänziger, sprachbegabter und weiser Afrikaner und mehr als zwanzig Jahre unser lieber Hausgenosse gewesen war, aber war es auch nicht ganz die Mundart der grüngelben Sittiche, so war es doch Papageiisch, was ich redete, und so hob der Fremdling sein Köpfchen mir entgegen und blickte mich fragend an, und als ich mich bückte und das Gespräch aus nächster Nähe fortführte, blickte und nickte er ohne Scheu und funkelte mit den kleinen Augen, hörte artig meine Begrüßungen und Fragen an und zwitscherte mir allerlei kurze »staccato« gesprochene Antworten zu. Er begann auf der Erde nach Futter zu suchen, kam auch dem Feuer ganz nahe und schien den Rauch nicht als lästig zu empfinden, aber die paar feisten blanken Maulbeeren, die ich für ihn pflückte und ihm dicht vor den Schnabel legte, ließ er unbeachtet liegen. Ich nahm nun, in meiner Köhlerarbeit fortfahrend, einen langen Kastanienzweig in die Hand und wollte auch ihn zerkleinern und dem Feuer opfern, da flog Freund Sittich auf, schwang sich in die Luft und saß alsbald auf der Spitze meines Zweiges, schaute lustig auf mich herab und hatte nichts dagegen, als ich den Zweig sachte auf und ab bewegte. Ich habe seit vielen Jahren an diesem Platz, zu allen Zeiten des Jahres und des Tages unendlich vieles beobachtet und erlebt, Besuche von Amseln, ein paarmal von Igeln oder Schlangen und einmal den Besuch einer dicken schweren Schildkröte, aber etwas so Holdes, märchenhaft Unwahrscheinliches und doch so Vertrauliches war mir da noch nie begegnet wie diese vielleicht zehn Minuten währende Visite aus dem Urwald ferner Zonen, dem Urwald ferner, vogelsprachekundiger Kindheit – oder war es der Wald des Piktorparadieses, der mir den blitzenden lustigen Vogel herübergeschickt hatte? Noch ein paarmal ließ Herr Sittich sich von mir sanft auf unsrem Zweige wiegen, dann war er des Spaßes satt und entflog, in die Hecke erst, dann auf die Birke, dann fort und davon.

Was mir bei diesem Abenteuer und nachher an Erinnerungen, Anklängen, Gedanken und Phantasien durch den Kopf ging, das aufzuschreiben würde Tage und Tage fordern. Es ist nicht möglich und ist auch nicht nötig. Allmählich kehrte ich aus der Verzauberung zurück, lang nach der Abreise des gelbgrünen Exoten, und es fiel mir wieder ein, was alles oben im Haus auf mich wartet. Ich packte zusammen, die Zappetta, das Aschensieb, die Gartenschere, nahm die Gerla auf den Rücken und stieg langsam den heißen Hang an den Rebenreihen vorbei nach oben. Auf der Terrasse beim Atelier stellte ich meine Sachen ab und langte nach dem Türgriff. Aber noch hatte dieser traumhaft-festliche Morgen seine Zauber nicht erschöpft.

Es wächst an einem der Granitpfeiler dieser Terrasse ein

hoher Rosenstamm empor, seine diesjährige Blüte ist längst vorbei, zu seinen Füßen steht eine kleine üppige Wildnis von Montbretien und etwas zu alt gewordenen Türkenbundlilien, die wohl etwa in einer Woche die ersten Blüten haben werden. Aus diesem grünen Laubwinkel sah ich, vom starken Licht geblendet, etwas Dunkles emporschweben, lautlos und schattenhaft. Es war kein Vogel, es war ein Schmetterling, und zwar der hier sehr selten gewordene Trauermantel, den ich seit wohl drei, vier Jahren nie mehr zu Gesicht bekommen hatte. Es war ein großes, schönes, noch nicht lange ausgeschlüpftes Tier. Dunkel flatterte es mir um die Augen, schwebte von mir weg und wieder zu mir zurück, beroch mich, umflog mich und ließ sich auf meiner linken Hand nieder. Da blieb der Falter sitzen, legte die Flügel zusammen, deren untere Seiten so trübe Ruß- und Aschenfarben haben, breitete sie wieder aus und zeigte das tiefe samtene Braunviolett mit den neapelgelben Randstreifen und der köstlichen Reihe blauer Punkte, die so edel und diskret zwischen dem lichten Rande und der mit Caput mortuum wiederzugebenden Dunkelheit steht. Langsam, im Rhythmus ruhiger Atemzüge, schloß und öffnete der Schöne seine Sammetflügel, hielt sich mit sechs haardünnen Beinchen an meinem Handrücken fest und entschwebte nach einer kurzen Weile, ohne daß ich das Loslassen spürte, in die große heiße Helligkeit hinaus.

Aus: Tagebuchblätter 1955

HERMANN HESSE
DIE MUSIK DES UNTERGANGS

Der letzte Tag des Juli war gekommen, Klingsors Lieblingsmonat, die hohe Festzeit Li Tai Pos, war verblüht, kam nimmer wieder, Sonnenblumen schrien im Garten golden ins Blau empor. Zusammen mit dem treuen Thu Fu pilgerte Klingsor an diesem Tage durch eine Gegend, die er liebte: verbrannte Vorstädte, staubige Straßen unter hoher Allee, rot und orange bemalte Hütten am sandigen Ufer, Lastwagen und Ladeplätze der Schiffe, lange violette Mauern, farbiges armes Volk. Am Abend dieses Tages saß er am Rand einer Vorstadt im Staube und malte die farbigen Zelte und Wagen eines Karussells, am Straßenbord auf kahlem, versengtem Anger saß er hingekauert, angesogen von den starken Farben der Zelte. Tief biß er sich fest im verschossenen Lila einer Zeltborte, im freudigen Grün und Rot der schwerfälligen Wohnwagen, in den blau-weiß gestrichnen Gerüststangen. Grimmig wühlte er im Kadmium, wild im süßkühlen Kobalt, zog die verfließenden Striche Krapplack durch den gelb und grünen Himmel. Noch eine Stunde, oh, weniger, dann war Schluß, die Nacht kam, und morgen begann schon der August, der brennende Fiebermonat, der so viel Todesfurcht und Bangnis in seine glühenden Becher mischt. Die Sense war geschärft, die Tage neigten sich, der Tod lachte versteckt im bräunenden Laub. Klinge hell und schmettre, Kadmium! Prahle laut, üppiger Krapplack! Lache grell, Zitronengelb! Her mit dir, tiefblauer Berg der Ferne! An mein Herz ihr, staubgrüne matte Bäume! Wie seid ihr müd, wie laßt ihr ergebene fromme Äste sinken! Ich trinke euch, holde Erscheinungen! Ich täusche euch Dauer und

Unsterblichkeit vor, ich, der Vergänglichste, der Ungläubigste, der Traurigste, der mehr als ihr alle an der Angst vor dem Tode leidet. Juli ist verbrannt, August wird schnell verbrannt sein, plötzlich fröstelt uns aus gelbem Laub am betauten Morgen das große Gespenst entgegen. Plötzlich fegt November über den Wald. Plötzlich lacht das große Gespenst, plötzlich friert uns das Herz, plötzlich fällt uns das liebe rosige Fleisch von den Knochen, in der Wüste heult der Schakal, heiser singt sein verfluchtes Lied der Aasgeier. Ein verfluchtes Blatt der Großstadt bringt mein Bild, und darunter steht: »Vortrefflicher Maler, Expressionist, großer Kolorist, starb am sechzehnten dieses Monats.« Voll Haß riß er eine Furche Pariserblau unter den grünen Zigeunerwagen. Voll Erbitterung schlug er die Kante Chromgelb auf die Prellsteine. Voll tiefer Verzweiflung setzte er Zinnober in einen ausgesparten Fleck, vertilgte das fordernde Weiß, kämpfte blutend um Fortdauer, schrie hellgrün und neapelgelb zum unerbittlichen Gott. Stöhnend warf er mehr Blau in das fade Staubgrün, flehend zündete er innigere Lichter im Abendhimmel an. Die kleine Palette voll reiner, unvermischter Farben von hellster Leuchtkraft, sie war sein Trost, sein Turm, sein Arsenal, sein Gebetbuch, seine Kanone, aus der er nach dem bösen Tode schoß. Purpur war Leugnung des Todes, Zinnober war Verhöhnen der Verwesung. Gut war sein Arsenal, glänzend stand seine kleine tapfere Truppe, strahlend läuteten die raschen Schüsse seiner Kanonen auf. Es half nichts, alles Schießen war ja vergebens, aber Schießen war doch gut, war Glück und Trost, war noch Leben, war noch Triumphieren.

Thu Fu war gegangen, einen Freund zu besuchen, der dort zwischen Fabrik und Ladeplatz seine Zauberburg bewohnte. Nun kam er und brachte ihn mit, den armenischen Sterndeuter.

Klingsor, mit dem Bilde fertig, atmete tief auf, als er die beiden Gesichter bei sich sah, das blonde gute Haar Thu Fus, den schwarzen Bart und den mit weißen Zähnen lächelnden Mund des Magiers. Und da kam mit ihnen auch der Schatten, der lange, dunkle, mit den weit zurückgeflohenen Augen in den tiefen Höhlen. Willkommen auch du, Schatten, lieber Kerl!

»Weißt du, was für ein Tag heut ist?« fragte Klingsor seinen Freund. »Der letzte Juli, ich weiß.«

»Ich stellte heut ein Horoskop«, sagte der Armenier, »und da sah ich, daß dieser Abend mir etwas bringen wird. Saturn steht unheimlich, Mars neutral, Jupiter dominiert. Li Tai Po, sind Sie nicht ein Julikind?«

»Ich bin am zweiten Juli geboren.«

»Ich dachte es. Ihre Sterne stehen verwirrt, Freund, nur Sie selbst können sie deuten. Fruchtbarkeit umgibt Sie wie eine Wolke, die nahe am Bersten ist. Seltsam stehen Ihre Sterne, Klingsor, Sie müssen es fühlen.«

Li packte sein Gerät zusammen. Erloschen war die Welt, die er gemalt hatte, erloschen der gelb und grüne Himmel, ertrunken die blaue helle Fahne, ermordet und verwelkt das schöne Gelb. Er war hungrig und durstig, die Kehle hing ihm voll Staub.

»Freunde«, sagte er herzlich, »wir wollen diesen Abend beisammen bleiben. Wir werden nicht mehr zusammen sein, wir alle vier, ich lese das nicht aus den Sternen, es steht mir im Herzen geschrieben. Mein Julimond ist vorüber, dunkel glühn seine letzten Stunden, in der Tiefe ruft die große Mutter. Nie war die Welt so schön, nie war ein Bild von mir so schön, Wetterleuchten zuckt, Musik des Untergangs ist angestimmt. Wir wollen sie mitsingen, die süße bange Musik, wir wollen hier beisammen bleiben und Wein trinken und Brot essen.«

Neben dem Karussell, dessen Zelt eben abgedeckt und

für den Abend gerüstet wurde, standen einige Tische unter Bäumen, eine hinkende Magd ging ab und zu, ein kleines Wirtshaus lag im Schatten. Hier blieben sie und saßen am Brettertisch, Brot wurde gebracht und Wein in die irdenen Schalen geschenkt, unter den Bäumen glommen Lichter auf, drüben begann die Orgel des Karussells zu erdröhnen, heftig warf sie ihre bröckelnde gelle Musik in den Abend.

»Dreihundert Becher will ich heute leeren«, rief Li Tai Po und stieß mit dem Schatten an. »Sei gegrüßt, Schatten, standhafter Zinnsoldat! Seid gegrüßt, Freunde! Seid gegrüßt, elektrische Lichter, Bogenlampen und funkelnde Pailletten am Karussell! Oh, daß Louis da wäre, der flüchtige Vogel! Vielleicht ist er uns schon vorausgeflogen in den Himmel. Vielleicht auch kommt er morgen wieder, der alte Schakal, und findet uns nicht mehr und lacht und pflanzt Bogenlampen und Fahnenstangen auf unser Grab.«

Still ging der Magier und holte neuen Wein, froh lächelten seine weißen Zähne aus dem roten Mund.

»Schwermut«, sagte er mit einem Blick zu Klingsor hinüber, »ist eine Sache, die man nicht mit sich tragen sollte. Es ist so leicht – es ist das Werk einer Stunde, einer kurzen intensiven Stunde mit zusammengebissenen Zähnen, dann ist man mit der Schwermut für immer fertig.«

Klingsor sah aufmerksam auf seinen Mund, auf die hellen klaren Zähne, welche einst in einer glühenden Stunde die Schwermut erwürgt und totgebissen hatten. War auch ihm möglich, was dem Sterndeuter möglich gewesen war? Oh, kurzer süßer Blick in ferne Gärten: Leben ohne Angst, Leben ohne Schwermut! Er wußte, diese Gärten waren ihm unerreichbar. Er wußte, ihm war andres bestimmt, anders blickte zu ihm Saturn herüber, andre Lieder wollte Gott auf seinen Saiten spielen.

»Jeder hat seine Sterne«, sagte Klingsor langsam, »jeder hat seinen Glauben. Ich glaube nur an eines: an den Untergang. Wir fahren in einem Wagen überm Abgrund, und die Pferde sind scheu geworden. Wir stehen im Untergang, wir alle, wir müssen sterben, wir müssen wieder geboren werden, die große Wende ist für uns gekommen. Es ist überall das gleiche: der große Krieg, die große Wandlung in der Kunst, der große Zusammenbruch der Staaten des Westens. Bei uns im alten Europa ist alles das gestorben, was bei uns gut und unser eigen war; unsre schöne Vernunft ist Irrsinn geworden, unser Geld ist Papier, unsre Maschinen können bloß noch schießen und explodieren, unsre Kunst ist Selbstmord. Wir gehen unter, Freunde, so ist es uns bestimmt, die Tonart Tsing Tse ist angestimmt.«

Der Armenier schenkte Wein ein.

»Wie Sie wollen«, sagte er. »Man kann ja sagen, und man kann nein sagen, das ist nur Kinderspiel. Untergang ist etwas, das nicht existiert. Damit Untergang oder Aufgang wäre, müßte es unten und oben geben. Unten und oben aber gibt es nicht, das lebt nur im Gehirn des Menschen, in der Heimat der Täuschungen. Alle Gegensätze sind Täuschungen: weiß und schwarz ist Täuschung, Tod und Leben ist Täuschung, gut und böse ist Täuschung. Es ist das Werk einer Stunde, einer glühenden Stunde mit zusammengebissenen Zähnen, dann hat man das Reich der Täuschungen überwunden.«

Klingsor hörte seiner guten Stimme zu.

»Ich spreche von uns«, gab er Antwort, »ich spreche von Europa, von unsrem alten Europa, das zweitausend Jahre lang das Gehirn der Welt zu sein glaubte. Dies geht unter. Meinst du, Magier, ich kenne dich nicht? Du bist ein Bote aus dem Osten, ein Bote auch an mich, vielleicht ein Spion, vielleicht ein verkleideter Feldherr. Du bist hier, weil hier das Ende beginnt, weil du hier Untergang witterst. Aber wir gehen gerne unter, du, wir sterben gerne, wir wehren uns nicht.«

»Du kannst auch sagen: gerne werden wir geboren«, lachte der Asiate. »Dir scheint es Untergang, mir scheint es vielleicht Geburt. Beides ist Täuschung. Der Mensch, der an die Erde glaubt als an die feststehende Scheibe unterm Himmel, der sieht und glaubt Aufgang und Untergang – und alle, fast alle Menschen glauben an die feste Scheibe! Die Sterne selbst wissen kein Auf und Unter.«

»Sind nicht Sterne untergegangen?« rief Thu Fu.

»Für uns, für unsere Augen.«

Er schenkte die Tassen voll, immer machte er den Schenken, immer war er dienstfertig und lächelte dazu. Er ging mit dem leeren Kruge weg, neuen Wein zu holen. Schmetternd schrie die Karussellmusik.

»Gehen wir hinüber, es ist so schön«, bat Thu Fu, und sie gingen hin, standen an der bemalten Barriere, sahen im stechenden Glanz der Pailletten und Spiegel das Karussell im Kreise wüten, hundert Kinder mit den Augen gierig am Glanze hängen. Einen Augenblick fühlte Klingsor tief und lachend das Urtümliche und Negerhafte dieser kreiselnden Maschine, dieser mechanischen Musik, dieser grellen wilden Bilder und Farben, Spiegel und irrsinnigen Schmucksäulen, alles trug Züge von Medizinmann und Schamane, von Zauber und uralter Rattenfängerei, und der ganze wilde wüste Glanz war im Grunde nichts andres als der zuckende Glanz des Blechlöffels, den der Hecht für ein Fischlein hält und an dem man ihn herauszieht.

Aus: Klingsors letzter Sommer

ERNST KREUDER
ABEND AM SEEUFER

Wenn man oben aus der Tür trat, sah man den Grashang des Gartens hinunter und dahinter die flirrenden Büsche wie Laubnetze am Ufer, graugrün und mit kalkigem Licht geflickt, und in den Lücken der Laubwipfel den glasgrünen See.

Er folgte den ausgeblichenen Sandsteinplatten durchs hohe Gras hinunter und ging zu der alten Zwillingsbuche, die starren Zweige hingen in Schulterhöhe über dem regenklaren Wasser. Hier war es schon nicht mehr hell. Er setzte sich hinter den morschen Pfostentisch auf die dunkle Holzbank und hörte das Wasser am Treppenstein schwappen.

Am Nachmittag war er in den See hinausgeschwommen. Danach lag er im Gras in der Sonne, und die Wellen, die das Fünfuhrschiff gegen das Ufer schickte, waren mit einem kehrenden Rauschen über den Strandkies gezogen und mit einem rollenden Fegen verklungen. Dann rief ihn die Telefonglocke nach oben. In der feuchten Badehose, barfuß, nahm er den Hörer im kühlen, halbdunklen Flur von der Gabel. »Ja? Nein, noch nicht so recht. Wenn du kommst, wollen wir darüber sprechen. Ja, im Garten. Unter der großen alten Doppelbuche.«

Jetzt wartete er auf der verquollenen Bank unter den reglosen Zweigen. Über dem See blieb es noch eine Zeitlang hell. Gelbliches Wolkenweiß in der Nähe und dahinter die braunen und grauen Tiefen. Er hörte wieder das Wasserschwappen und oben auf der Landstraße das hämmernde Heulen und wie das Motorrad in der Ferne brummend verschwand. Später das kurze, eiserne Klack, als das Gartentor zufiel. Schritte über den Gartenkies, den Sandweg herunter und das hauchende Rauschen, jemand kam durchs hohe Gras.

Er stand auf und ging ihr entgegen. Sie trug den graugrünen Lodenmantel offen und hielt den geflochtenen Korb im Arm. Flaschen klirrten darin. Sie war fast so groß wie er und für sechsundzwanzig viel zu schmal.

»Wie ist's dir ergangen?« fragte sie zwischen munterer und ängstlicher Erwartung. Er zog sie leicht an sich, strich über ihre dunkelblonden Haare, sie kräuselten sich am Stirnansatz, seine Hand glitt über den schmalen Hinterkopf und er küßte die laubglatte Wange.

»Weiß man's?« sagte er.

»Dann ist's nicht so schlimm«, sagte sie erleichtert.

»Schlimm genug«, sagte er lachend. Sie gingen durch das bräunlich grüne Abendlicht unter die Buche und setzten sich auf die schwarze Bank. Oben, im riesigen Geäst, landete eine Krähe.

Sie schwiegen und rauchten und blickten unter dem dunklen Laub hinaus auf den See. Die schwebenden Farben der Dämmerung veränderten sich wie stehengebliebener Rauch.

»Hast du arbeiten können?« fragte sie. Als sie nicht mehr rauchten, war der faulige Geruch stärker zu spüren.

»Ich hab's versucht«, sagte er. – »Wie fühlst du dich denn?«

»Wie man sich fühlt«, sagte er, »das ist nicht alles, was vorgegangen ist. Also nur Versuche, noch nichts vorzuweisen, Schnittmuster vielleicht, Musterbogen für Geschichten.«

Die feuchte Luft wurde kühl. »Erzähl doch bitte«, sagte sie.

»Wenn du hier bist«, sagte er, »fühl ich mich nicht mehr so untauglich. Kein Grund zu Selbsttäuschungen. Was man nicht voranbringt, wenn man lange allein ist, taugt nicht allzuviel.«

»Ist das nicht etwas streng?«

»Sieh dich um«, sagte er, »über uns der alte Baum. Draußen die Wassertiefen, das Wasserlicht, grau, blau und an den Ufern schwarz. Die Wasserstille. Meilen um Meilen Sommerabend, und man hört sie nicht sinken, die Abendmeilen. Das ist nicht nur mit Welt angefüllt bis zum Himmel, von den Luftfarben des Abends durchweht, mit dem Perlmutt der Stunde überzogen, das ist nicht nur wortlos im Flüstern der Zeit weitererzählt – das ist vor allem so entmutigend und ohne Ende und undeutbar vollkommen.«

Sie strich leicht über seine Hand.

»Voller Welt ohne Ende«, sagte er. »Wieviel war seit jeher davon geplant? Wenn wir versuchen, zu erzählen, holen wir die Fülle nicht ein. Ein unendliches Immerzu von Welt. Was ins Treibnetz der Worte gerät, ist doch schon wieder vergangen. Sommerabend, See-Ufer und Gärten, Baumwiesen – was uns davon erscheint, ist schon im Vorübertreiben, über die Wasserlinien des Jahres, vorbei an den Flutmarken der Zeit.«

Sie rauchten wieder, niemand sprach. Sie nahm die Wassergläser und die Bierflaschen aus dem Korb. Er öffnete den Flaschenverschluß mit dem Daumen, »plob«, ließ das Bier in die Gläser fließen, die er schräg hielt. Sie tranken sich zu im Halbdunkel, in der Lautlosigkeit.

»Sprich doch weiter, bitte.«

»Es wurde mehr und mehr vergessen«, sagte er. »Jahrhundertelang hat man Geschichten von Männern und Frauen geschrieben, die Irrfahrten von Glück und Unglück. Wozu, am Ende, wurden sie erzählt? Nicht, um die Welt zu erzählen.

Man hat die Welt ausgeliehen dazu, die Gärten und

Weiher, die Wiesen und die Brombeerwildnisse, Heuduft und Farngrün, Felder und Wälder. Berge, Ströme und Wolken, ausgeliehen, um die Geschichten vom Glanz und vom Elend, von der Lust, von den Schmerzen, vom Leid zu erzählen. Als könnte der Weltgrund oder Bilder davon ihre Geschichten bewahren vor dem Verhängnis ihrer Nichtigkeit...«

Er schwieg, schenkte Bier ein und trank.

»Erzähl doch weiter, bitte.«

»Am Meer«, sagte er, »ist es mir eingefallen. Die wirklichen Geschichten erzählt niemand. Hinter dem Hafen, auf der Insel war ich den leeren Strand entlanggegangen, über eine Stunde. Ibiza. Es war schon heiß, aber der Wind vom Meer kühlte die Luft. Ich wollte bis zu den vierzehn Palmen gehen und mich dort in den Schatten setzen.

Begegnete nur einem einzigen Mann. Er ging neben seinem hochbeladenen Karren her, der zweirädrige Wagen triefte von dem nassen Tang, der den Strand weithin bedeckte, und das knochige Pferd kam auf dem federnden Tang nur langsam voran. Dann hörten die angeschwemmten Tangschichten auf, und ich zog die Stoffschuhe mit den Agavenfasersohlen aus und lief auf dem hellgrauen weichen Sandstreifen. Die weißen Schaumwellen spülten durchsichtig über meine Füße. Der steinblaue Himmel leuchtete klar aus unerbittlichen Weiten.

Als ich zu den staubgrünen Palmen kam, fand ich keinen Platz, um im Schatten zu sitzen. Was ich von fern für Gras gehalten, war niedriges, sprödes Stachelkraut. Ich ging am Strand weiter und mußte zuletzt über einen tiefen Graben springen. In dem blasigen, reglosen Sumpfwasser des Grabens lag eine weiße, tote Möwe, mit dem Kopf im grünen Schlick. Der Strandweg war hier zu Ende, Klippen und Felsen troffen von den heranschäumenden Wassern.

Ich zog die Strandschuhe wieder an und kletterte den ins Meer hängenden Felsenhügel hinauf, bis zu dem alten, gelben Piratenturm. Ein runder, zugemauerter, mächtiger Turm ohne Dach. Dünne Gräser zitterten hier oben im Wind, winzige gelbe und rote Blumen.

Zuerst saß ich im Schatten des Turms, dann wurde mir kalt und ich rückte in die sonnenwarme Luft. Der Felshang senkte sich steil ins Meer. Tief unter mir sah ich helle, grünblaue Inseln aus Wasser und dazwischen und dahinter die dunkelblauen und schwarzblauen Wasser der Tiefen. Weit draußen dunkelviolette Wasserstellen, gerillt vom Wind.

Ich saß still und blickte aufs Meer hinunter, übers Meer hin zu dem rings ansteigenden Horizont. Die Wogen rollten von weither auf den gradlinigen langen Strand zu, mit Schaumrändern, die sich sprühend, schaukelnd überschlugen. Unter mir grollte und schallte die Brandung, und der Wind sprühte den Gischt herauf. Grünblaue, schwarzblaue und dunkelviolette Wasserinseln grenzten sich unter Wasser ab.

Hier saß ich lange still und blickte aufs Meer, die Sonne im Rücken und den Wind und die Ferne im Gesicht. Ich dachte nicht mehr daran, daß hier vom Glück und vom Unglück, vom Glanz und vom Elend nichts zu erzählen war. Der riesige Turm hinter mir war Hunderte von Jahren alt. In Steinen gezählt, reichte meine Lebenszeit kaum einen oder zwei Mauerblöcke hoch. Gegen das Wasser dort unten zählten die Lebensjahre, die ich verbracht, noch nicht so viel wie eine der halbhohen Wellen, die zum Strand stürmten, zurückrollten und in sich zergingen. Dann dachte ich doch daran und fragte mich oder den Wind, ob die Geschichten, die man bisher erzählt hatte, jahrhundertelang, einmal vor dem Wasser erzählt worden waren, vor dem Meer und den Fernen.

Mir schien, man war diesen Weiten, diesem lichtversprühenden Draußen ausgewichen. Man schien darauf angewiesen, dem Sog der Fernen den Rücken zu kehren am Tage und nachts der Blindschrift der Sterne. Vielleicht hatte niemals jemand versucht, neben dem Wasser her Geschichten zu schreiben, neben dem Wind. Das bedeutete, es hatte noch niemand eine Geschichte begonnen mit dem Sinken und Untergehen der heranflutenden Zeit, mit dem richtungslosen, dem ziellosen Hingang der Welt. Eine Geschichte ohne Hier und Jetzt, ohne Gestern und ohne Morgen, ohne Ende wie der Himmel, nirgendwo wie der Wind und überall wie das Licht. Eine Geschichte ohne Männer und ohne Frauen, ohne Glück und ohne Elend, eine Erzählung von einem langen und hohlen Wasserton . . .«

Er schwieg, öffnete eine Bierflasche und hielt die Gläser schräg; als er sie füllte, entstand nur wenig Schaum.

»Ich fürchte«, fuhr er nach einem tiefen Schluck fort, »man wird sie niemals erzählen. Wasserbeschreibungen sind damit nicht gemeint. Die Welt erzählen ohne Hoffen und Harren, ohne Geschichte und ohne Namen, die Welt erzählen in Zeichen und Lauten – wo sollte das Erzählen beginnen, wo sollte es enden? Auch das Licht ist schon älter als die Zukunft.«

»Jetzt kommen die Schwäne«, sagte sie.

In dem grauen Halbdunkel erschienen sie wie graue Schatten. Das Schwanenpaar fuhr lautlos über dem stillen Wasser heran, hintereinander, dahinter schwammen in gleichen Abständen vier junge Schwäne. Er wußte, sie kamen fast pünktlich, jeden Abend, und er hatte Brotstücke für sie auf den Treppenstufen hingelegt.

Sie standen von der Bank auf und gingen zur Steintreppe am Wasser, die Schwäne fauchten und schnatterten und schnappten die Brotbissen, und zuletzt warf er den jungen Schwänen noch einige Brotstückchen zu, die er in der Tasche für sie aufgehoben hatte.

Die Schwäne fuhren noch eine Weile im Wasser umher, dann gaben sie das Warten auf, es wurde jetzt dunkel, und dann sah man sie noch einmal, weißliche Schatten, in einer geraden Linie hintereinander still, fast unbeweglich davonziehen und im rauchdunklen Unlicht der Luft verschwinden. »Das war es«, sagte sie später auf der Bank.

Das war es, dachte er, und fügte hinzu: sie kann sich nur selbst erzählen, diese Welt.

»Gehören wir denn noch dazu?« fragte sie auf der dunklen Bank.

»Wir tun nichts anderes«, sagte er, »wenn wir zusammen sind. Nichts anderes, als das von uns erzählen, was von der Welt heranweht in uns und mit uns vergeht.«

REINHARD LETTAU
EINLADUNG ZU SOMMERGEWITTERN

Die Witwe Saatmantel, von deren Jugend nur die Legende weiß, lädt alljährlich zu Sommergewittern ein. Wenn vor den dicht verschlossenen Fenstern der Sommer Tag um Tag brütet, ohne daß ein eiliger Guß oder gar ein anhaltender Landregen sich gezeigt hat, darf man stündlich mit einer Einladung rechnen. Boten bringen die kleinen Billetts ins Haus, und keines Dieners Daumen wird sich sträuben, den wohlentworfenen Schriftsatz der Einladungskarten verschwiegen zu überprüfen: sie sind geprägt. Man erfährt, daß, wenn es der Himmel erlaube, man für heute abend zu einem Sommergewitter eingeladen sei, und sogleich rüstet man sich für den Weg.

Immer wieder ist es anregend, zur Anfahrt die kleine
Straße über Rastatt zu benutzen. Sei es die Nähe der
Berge, sei es die Enge der noch ebenen, vielgewundenen
Wegstrecke, jedenfalls verkleinert sich die Landschaft
hier zusehends, rechts und links zieht sie sich zu immer
schmalerer und überschaubarer Winzigkeit zusammen
und entzieht sich fast ganz: Die Welt wird zur Gasse, die
durstig und geradenwegs in den Landsitz der Witwe Saat-
mantel führt.

Die kleine Straße verlassend, durchfährt man ein ein-
zelnes Tor, und während der Wagen in eine niedere, dunkle
Gangart verfällt, hört man den feinen Kies unter den
schlurfenden Rädern. Hinter dem Hause findet man die
Gefährte der anderen Gäste in der Zufälligkeit ihrer An-
künfte wahllos durcheinander aufgestellt – der Zauder der
Platzwahl noch an den schräg verstellten Rädern erkenn-
bar. Die Tafeln sind vor dem Hause errichtet; fast staunt
man, sie anläßlich des erwarteten Naturereignisses so
überladen zu finden. Die feinen Toiletten der Damen –
weite flockige Gewänder, an denen ausgesuchte Corsagen
verteilt sind –, die dunkle Kleidung der Männer, in deren
Brusttaschen sich weiße Ziertücher gebläht wie Segel da-
vonzumachen scheinen, die achtlos gehaltenen Gläser und
schließlich die unter den Bäumen seltsam entschwin-
dende, verführerische Musik lassen das nahe Gewitter
vergessen.

Dennoch bleibt es, wenn einmal die Tafel eröffnet ist,
nicht aus, daß in gewissen Tischreden des erwarteten
Gewitters gedacht wird. Solange man zurückdenken
kann, ist jedesmal dieser Henri Plein, ein höherer Justiz-
beamter, aufgestanden und hat seiner Hoffnung Aus-
druck gegeben, es werde diesmal zu einem französischen
Landgewitter kommen. Die nahe Grenze, sagt er, gestatte
solche Wunschträume; jeder, dem französische Gewitter

unbekannt seien, müsse hier bedauert werden, seien sie doch viel geistreicher als deutsche Gewitter. Solche Reden reizen zwar zum Widerspruch, aber es weiß niemand, warum Frau Blesse, sonst eine kritische Kennerin, immer wieder das Augenmerk der entrüsteten Gäste auf Ganghofer-Gewitter hinlenkt. Welcher Art auch immer die Mutmaßungen über die Beschaffenheit des Gewitters sein mögen, das man erwartet – stets wird man bemerken, daß Frau Saatmantel ihnen nicht wohlgesonnen ist. Vielmehr ist der Sinn der Witwe darauf gerichtet, das Nahen des Gewitters, selbst wenn es sich durch tiefes Grollen und erste, schwere Tropfen bereits ankündigt, vergessen zu machen. Freilich weiß die Witwe, daß es sich nie wieder so unvermittelt einstellen wird wie vor Zeiten, als es anläßlich einer bloß als solchen geplanten Sommergesellschaft eine erregte, hier und dort kreischende Menschenmenge in die schmale Diele des Hauses trieb – einen Herrn Wurf, einen Charmeur von betörendem Äußeren, wegen seiner völlig durchnäßten Kleider zum Bleiben zwingend. Der Gedanke, folgende Sommerparties so zu legen, daß ein Gewitter sie krönen werde, lag auf der Hand – ein kostspieliger Gedanke übrigens, denn stets werden viele Möbel durch die nicht selten heftigen Regenfälle vernichtet, ganz deutlich kann man das von den Fenstern aus beobachten.

In den ersten Jahren war es schwierig, Kapellen für die Gewitterparties zu finden, hatte es sich doch in Musikerkreisen herumgesprochen, wie beschwerlich und recht eigentlich würdelos diese freilich hochdotierten Engagements seien, indem nämlich die Herren oft im strömenden Regen weiterzuspielen angehalten wurden: zerstörte Instrumente, verquollene Violinen zum Beispiel, waren die Folge. Würdelos war dies nach Meinung der Musiker, weil man von den fest verschlossenen Fenstern des schützenden Hauses her die Musik ohnehin nicht vernehmen konnte. Von dort wurden die musizierenden Herren nur für Bruchteile von Sekunden den erheiterten Gästen im Schein eines Blitzes sichtbar. Bläulich-grün standen sie da, eng aneinandergedrängt, mit großen Augen, die Messingrohre oder Geigenstöcke reglos in den Himmel gehoben, eine Gruppe, einem einzigen Eiszapfen ähnlich oder wie zu einer Momentaufnahme bereitgestellt. Hinter den rinnenden Fenstern erblickten sie die von brüllendem Gelächter wild verzerrten Gesichter der Gäste. Viel Lob erntete die Witwe, deren Sinn für das Dramatische hier sichtbar wurde, für diesen Effekt, dessen man gleichwohl entsagen mußte, als immer wieder Blitze das makellose Metall der Waldhörner schwarz verstümmelten. Heute spielen die Herren, wenn der Regen einsetzt, auf zu diesem Behufe mitgeführten Scheininstrumenten. Sind diese aufgeweicht, so bittet man sie ins Haus, wo sie eine kräftige Fleischbrühe erwartet.

Das Innere des Hauses entbehrt, wenn sich die Gesellschaft glücklich gerettet hat, nicht des Chaotischen. Triefende Kleider werden ausgewrungen, große Wasserlachen bilden sich in den Gesellschaftsräumen des Parterre, und es kann nicht verschwiegen werden, daß es beim Aufzucken eines Blitzes oder wenn ein großer Donner die Fenster klirren läßt, zu vielen schreckhaften Umarmungen kommt. Mancher Diener hat, während es draußen zusehends Nacht wird und ein fahler Widerschein entfernter Blitze die Gesellschaft in Atem hält, die schwere Hand der Witwe auf seinem Arm gespürt, sehr nachdrücklich sogar, und niemand kann sagen, wie viele der Gäste über Nacht zu bleiben gezwungen sind. Da nicht immer trockene Kleider zum Auswechseln in genügender Zahl zur Verfügung stehen, muß zu entlegenen Kostümen gegriffen werden: es kommt zu Maskierungen, einer Art natürlichen Karnevals sozusagen. Hinter hastig erstellten spanischen Wänden vernimmt man oft Gelächter – vom Kamin her wirft ein prasselndes Feuer Schatten über die Räume –, die Gewißheit plötzlicher Isolation von der Außenwelt verbreitet eine eigenartige Stimmung. Der Verdacht läßt sich nicht unterdrücken, daß die Witwe Saatmantel in vorgängiger Kenntnis der Vertrautheiten und Sensationen, zu denen ein Naturereignis immer eine Gruppe von Menschen vereint – daß die Witwe, eine lebenslustige, wenngleich etwas seltsame Dame, gerade in Vorhersicht solcher allgemeinen, versöhnlichen Gestimmtheit zu Sommergewittern einlädt.

MAX DAUTHENDEY
DREI BLITZE

Schweißtücher der Schnitterinnen in tiefen
                                    Ährenbetten
Das laute Raufen der Sensen in fetten Feldern drinnen,
Das Klirren von Deichselketten und kurzes
                                    Pferdeschnaufen
Und bei den blitzenden Stoppeln die toten Garbenhaufen.
Unter der Abendsonne, der hitzenden und braunroten,
Ziehen Gewitter herauf wie Rauch aus Schmieden und
                                    Schloten.
Der Schierling dunstet bitter, und alle Pflanzen sieden,
Der Wolken schleppender Bauch berstet auf allen Rieden.
Drei Blitze, drei Mordgesellen, schnellen wie Wahnsinn
                                    hervor,
Als ob dir der Himmel drei Schwüre in dreifacher
                                    Leidenschaft schwor.

OSKAR LOERKE
GARTENGEWITTER

Nach dem Monde greift ein Spuk,
Und er flieht gekrümmt.
Schwüler, träger Quell entspringt
Rings im Laub und fließt.

Durch die Kiefernwipfel huscht
Feuermähn ins Gras.
Aus dem grünen Schrecken glühn
Säulen wilden Weins.

Und sie schnellen wie zum Dienst
In den Regendom,
Das Gewölbe kracht und birst,
Doch sie tragen wohl.

Dann webt volle Finsternis.
Nur, wo Straßen sind,
Flickt das Dunkel dort und hier
Eine goldne Naht.

PAUL ZECH
NACH DEM GEWITTER

Schüchtern qualmen schon die ersten Dächer.
Aus der Wolkenwirrnis, die zersprang,
fallen Sonnenstrahlen breit wie Fächer.

Alle Fenster schaun nun wieder blank
in die Ebene und die Uferweiden
streun Rubinen in das dunkle Rohr.

Schwalben schießen froh den Fluß entlang,
Lerchen wirbeln liederfroh empor
und des Himmels dunkelblaue Seiden

blühn und schillern schöner denn zuvor.

HANS LEIFHELM
IM REGEN

Unterm Holzdach hocken,
Wenn die Wasser rauschen, wenn die Regenfrauen
Murmelnd wandeln durch die nassen Auen,
Triefend wehen ihre Wasserlocken –
Unterm Holzdach ist es gut zu warten,
Einmal wieder wohl
Pfeift der Goldpirol,
Und die Rosen leuchten heiß im Garten.

Hör die Tropfen fallen, hör die Tropfen hallen,
Rings im Kreise singt das Regenlied,
Abwärts geht die Wasserflut mit Schallen,
Die die Erde saugend niederzieht,
Hier im Regenwebstuhl sitzen wir gefangen,
Nässe steht in Fäden steil und schwer,
Nässe flackert wie der Einschuß quer,
Den die Regenweberschifflein schwangen,
Aber müder wehen schon die Strähnen,

Aber ferner wird schon der Gesang,
Wie ein leises Echo nur zu wähnen
Von des talwärts ziehnden Wassers Gang.

Warten noch und lauschen,
Letzte Tropfen fallen, leise durch die Ruhe
Geht schon wieder Takt der Wanderschuhe,
Und die regenschweren Wipfel rauschen,
Unterm Holzdach warten wir noch gerne,
Dampfend liegt das Tal –
Da, mit einemmal
Leuchtet hoch am Passe blau die Ferne.

ELISABETH LANGGÄSSER
WENN DAS MOHNBLATT NIEDERFÄLLT

Wenn das Mohnblatt niederfällt
und die Kapsel schwarz enthält
schwere, bodenlose
Träume, die Verdandi träumt,
wenn das Webstück sie umsäumt –
schlafe, meine Rose!

Schlafe in der Norne Sinn,
die dich kennt von Anbeginn,
aller Makel bloße.
Die dem Beifuß mächtig wehrt
ohne Sichel, ohne Schwert:
Schlafe, meine Rose!

Schlafe, wenn der Regen rauscht
und die Schöpfung seufzend lauscht
ihrem Todeslose.
Äolsharfen streift der Wind,
einst wird Orpheus dir zum Kind –
schlafe, meine Rose!

INGEBORG BACHMANN
ARIA I

Wohin wir uns wenden im Gewitter der Rosen,
ist die Nacht von Dornen erhellt, und der Donner
des Laubs, das so leise war in den Büschen,
folgt uns jetzt auf dem Fuß.

Wo immer gelöscht wird, was die Rosen entzünden,
schwemmt Regen uns in den Fluß. O fernere Nacht!
Doch ein Blatt, das uns traf, treibt auf den Wellen
bis zur Mündung uns nach.

KALENDERBLATT
AUGUST

Im August steht die Sonne in der Nähe des Sirius, des Hundsterns, daher die »Hundstage«, die weder Mensch noch Tiere mögen. Mariä Himmelfahrt (15. August) ist das höchste und älteste Marienfest. Die Kräuter werden geweiht, wobei früher die Klosterkirchen bevorzugt wurden, weil man dem Segen der Franziskaner- und Kapuzinermönche eine wirkungsvollere Heilkraft zuschrieb.

Neun Kräuter muß der »Strauß« oder »Busch« enthalten: Tausendgüldenkraut, Wermuth, Schafgarbe, Kamille, Minze, Holunder, Wohlmut, Meisterwurz, Königskerze.

Sprüche

Mariä Himmelfahrt klarer Sonnenschein
bringt meistens viel und guten Wein.

Der August muß Hitze haben,
sonst wird der Obstbaumsegen begraben.

Man kauft doch bei uns das Obst nicht nach dem Ansehen, sondern man kostet es.

Lichtenberg

MATTHIAS CLAUDIUS
BRIEF AN ANDRES WEGEN DEN GEBURTSTÄGEN
IM AUGUST 1777

Mein lieber Andres,

Wir haben einen recht lustigen Tag gehabt. Du weißt wohl, ich habe vieles nicht, aber 'n Geburtstag hab' ich doch, und der ist gefeiert worden. Mein Vetter stellte vier Gevattern und Freunden, die alle im August geboren sind, zu Ehren 'n Fest an, und da war er so gratiös, meinen Geburtstag mit einzuschließen. »Denn«, sagte er, »Ihr seid doch mein lieber Vetter.« Wir feierten also die fünf Geburtstäge. Merk aber, wie wir ihm täten.

Des Morgens vor Sonnenaufgang las ich 'n Kapitel in der Bibel, legte drauf meine rote Weste an, die ich in Japan bei der Audienz anhatte, und sah darin die Sonne aufgehen und weckte denn alle Leut' im Hause. Eine Stunde drauf feuert' ich 'n Pistolenschuß los. Ich habe die Pistole noch von meinen Reisen mitbracht, und sie knallt gut, wenn sie recht geladen ist, diesmal war aber durch 'n Versehn das meiste auf die Pfanne gekommen. Nachdem nun solchermaßen dem Publico war kund getan worden was den Tag werden sollte, waren wir einige Stunden ganz stille, den Effekt davon abzuwarten; doch wuschen wir uns während der Zeit alle im klaren Bach das Gesicht, damit es recht fröhlich aussehe, und gingen 'n kleines am Bach auf und nieder.

Um sieben Uhr ward 'n Signal gegeben, daß das Frühstück parat sei, und wir züngelten 'n wenig, und nach dem Frühstück ging's Glückwünschen an. Die fünf Geburtstagsleute waren H-am -l, -r in W-, -y in-g, -n in -i, und ich. Die beiden letzten, als nämlich -n und ich, waren gegenwärtig, die drei ersten aber nicht. Wir beide empfingen also von der ganzen Gesellschaft einen Glückwunsch und Handschlag; die Abwesenden aber wurden mit Kreide auf dem Tisch gemalt, und 'n jeder von der Gesellschaft machte 'n Strich zu ihren Füßen. Weiter wurden nun allerhand Gespräche von Geburtstägen geführt, und wie Personen bei dieser Gelegenheit in *Excessu* oder in *Defectu pecciren*, Geschichten erzählt, Fragen aufgegeben, z. Ex. warum 'n Geburtstag nur alle Jahr einmal kömmt u.s.w.

Um zwölf Uhr ward zur Tafel geblasen, und weil grade keine Trompeten und Pauken zur Hand waren, mußte ich's auf'm Triangel tun. Die Tafel war von acht Couverts und drei Gängen. Zuerst Reisbrei in einer großen Schale mitten auf dem Tisch und nach kurzer Weile auch auf acht Teller rund um die Schale; denn kam Butter und Kalbfleisch; und zuletzt Kuchen. Du siehst draus, daß wir hoch schmausten; zugleich kannst Du aber daraus sehen, daß der *Luxus* seit Abrahams Zeit um ein Drittel gestiegen ist. Mein Vetter spendierte auch einige Flaschen guten Wein, die denn gewaltig wirkten und vor Gesundheiten, die aus dem Munde herauskamen, kaum hineinkommen konnten, und die Pistole brummte immer drein und zerarbeitete sich recht.

Es ist mir lieb, daß Deinem Jost die Knollen am Halse wieder vergangen sind. 's ist im ganzen menschlichen Leben so, Andres. Es werfen sich von Zeit zu Zeit Knollen auf; ich hab' aber bemerkt, daß sie meistens auch wieder vergehen, wenn man nur Geduld hat. Und denn so kommt 'nmal so 'n Geburtstag oder sonst etwas und macht einen auf lange Zeit alle Knollen vergessen.

Nach der Tafel ward von jung und alt eine große Promenade in den Wald vorgenommen. Die Schapoos machten bei der Gelegenheit allerhand Sprünge wie die Ziegenböcke, und die Weibsleute kramten mit Blumen.

Hätt's bald vergessen, Dir zu melden. Ich habe mir seitdem eine Kanone angeschafft, die gar vortreffliche Dienste tut und viel Metall in der Stimme hat. Wenn Du nun Geburtstag, Kindtaufe oder sonst was zu kanonieren hast, lieber Andres, 's sei, was es wolle; so schreib's mir nur, soll so gut besorgt werden, als wenn's meine eigne Sache wäre.

Um fünf Uhr kamen wir wieder zu Hause, und ward gleich Ordre gegeben, daß die Oper angehen sollte. Sie war von meinem Vetter und führte den Titel: Ahasverus und Mardochai. Es war eigentlich eine Wandoper, die so mit einem Stock an der Wand vorgestellt wird, und erhielt allgemeinen Beifall.

Nach der Oper wurden Bäume gepflanzt, damit die Kinder und Kindeskinder sich dabei dieses Tags erinnerten und sich von den vier Gevattern und der Pistole und der Oper Ahasverus und Mardochai erzählten.

Abends war wieder *Grand Souper* von Kartoffeln und Kaltenhöfer Bier; und damit war's alle, wirst Du denken. Das dacht' ich auch; aber höre weiter. Es hatte schon den ganzen Tag gemunkelt, daß 'n Feuerwerk abgebrannt werden sollte; nun ward es aber *hautement* deklariert, und die ganze Gesellschaft begab sich in Prozession hinten in meines Vetters Garten neben dem *Echafaud*, das Feuerwerk anzusehen. Es bestand aus einem Petermännchen von anderthalb Zoll und reussierte ungemein. Weil so 'n Ding gar zu herrlich anzusehen ist, hab' ich mir von meinem Vetter das Rezept ausgebeten, und will's Dir hier kommunizieren. »Man nimmt 2 Lot Pulver, reibt es klein und tut Brunnenwasser dazu *quantum satis*; denn wird's 'n Teig, und man formt es entweder kegelförmig wie 'n Kirchturm oder viereckigt wie die Pyramiden in Egypten waren, tut oben darauf einige Körner trockenes Pulver und zündet's an.« Du mußt aber alles Pulver, wenn Du noch welches hast, vorher auf die Seite tun, auch Dich überhaupt mit dem Pulver in Acht nehmen, sonst kannst Du Dir die Nase verbrennen. Um 10 Uhr 8 Minuten ging das Feuerwerk an und währte bis 10 Uhr 8⅓ Minute. – Du lachst, Andres? Hör, das Groß und Viel tut's nicht immer, und ich schwöre Dir, daß der Groß-Sultan, wenn er an seinem Geburtstag ein Feuerwerk von 20 000 Löwentaler abbrennen läßt, nicht vergnügter sein kann als wir bei dem Petermännchen von anderthalb Zoll waren. Der Mensch ist Gottlob so gebaut, daß er mit anderthalb Zoll recht glücklich sein kann, und wenn das die Leute nur recht wüßten, so würd' 'n groß Teil Ach und Weh weniger in der Welt sein. Da mischen sich aber gleich Eitelkeit und Stolz ein, und die hemmen allen Genuß, und das ist ein großes Unglück.

Um eilf Uhr gingen wir zu Bett und schliefen flugs und fröhlich ein. Dein etc.

JOHANN PETER HEBEL
FROSCHREGEN

Man spricht auch von einem Froschregen. Aber das wird noch niemand gesehen haben, daß es Frösche aus der Luft herab regnete. Die Sache verhält sich ganz kurz so: Im Sommer bei anhaltend trockener Hitze zieht sich eine Art von Landfröschen in benachbarte Wälder und Buschwerke zurück, weil sie dort einen kühleren und feuchteren Aufenthalt haben, und verhalten sich ganz stille und verborgen, so daß sie niemand bemerkt. Wenn nun ein sanfter Regen fällt, so kommen sie in zahlreicher Menge wieder hervor und erquicken sich in dem nassen, kühlen Gras.

Wer alsdann in einer solchen Gegend ist und auf einmal so viele Fröschlein sieht, wo doch kurz vorher kein einziges zu sehen war, der kann sich nicht vorstellen, wo auf einmal so viele Frösche herkommen, und da bilden sich einfältige Leute ein, es habe Frösche geregnet. Denn aus lieber Trägheit läßt man eher die unvernünftigsten Dinge gelten, als man sich die Mühe gibt, über die vernünftigen Ursachen dessen nachzudenken oder zu fragen, was man nicht begreifen kann.

THEODOR STORM
WENN DIE ÄPFEL REIF SIND

Es war mitten in der Nacht. Hinter den Linden, die längs dem Plankenzaun des Gartens standen, kam eben der Mond herauf und leuchtete durch die Spitzen der Obstbäume und drüben auf die Hinterwand des Hauses, bis hinunter auf den schmalen Steinhof, der durch ein Staket von dem Garten getrennt war; die weißen Vorhänge hinter dem niedrigen Fensterchen waren ganz von seinem Licht beschienen. Mitunter war's, als griffe eine kleine Hand hindurch und zöge sie heimlich auseinander; einmal sogar lehnte die Gestalt eines Mädchens an die Fensterbank. Sie hatte ein weißes Tüchlein unters Kinn geknotet und hielt eine kleine Damenuhr gegen das Mondlicht, auf der sie das Rücken des Weisers aufmerksam zu betrachten schien. Draußen vom Kirchturm schlug es eben drei Viertel.

Unten zwischen den Büschen des Gartens auf den Steigen und Rasenplätzen war es dunkel und still; nur der Marder, der in den Zwetschen saß, schmatzte bei seiner

Mahlzeit und kratzte mit den Klauen in die Baumrinde. Plötzlich hob er die Schnauze. Es rutschte etwas draußen an der Planke; ein dicker Kopf guckte herüber. Der Marder sprang mit einem Satz zu Boden und verschwand zwischen den Häusern; von drüben aber kletterte ein untersetzter Junge langsam in den Garten hinab.

Dem Zwetschenbaum gegenüber, unweit der Planke, stand ein nicht gar hoher Augustapfelbaum; die Äpfel waren grade reif, die Zweige brechend voll. Der Junge mußte ihn schon kennen; denn er grinste und nickte ihm zu, während er auf den Fußspitzen an allen Seiten um ihn herumging; dann, nachdem er einige Augenblicke still gestanden und gelauscht hatte, band er sich einen großen Sack vom Leibe und fing bedächtig an zu klettern. Bald knickte es droben zwischen den Zweigen und die Äpfel fielen in den Sack, einer um den andern in kurzen regelrechten Pausen.

Dazwischen drein geschah es, daß ein Apfel nebenbei zur Erde fiel und ein paar Schritte weiter ins Gebüsch rollte, wo ganz versteckt eine Bank vor einem steinernen Gartentischchen stand. An diesem Tische aber – und das hatte der Junge nicht bedacht – saß ein junger Mann mit aufgestütztem Arm und gänzlich regungslos. Als der Apfel seine Füße berührte, sprang er erschrocken auf; einen Augenblick später trat er vorsichtig auf den Steig hinaus. Da sah er droben, wohin der Mond schien, einen Zweig mit roten Äpfeln unmerklich erst und bald immer heftiger hin und her schaukeln; eine Hand fuhr in den Mondschein hinauf und verschwand gleich darauf wieder samt einem Apfel in den tiefen Schatten der Blätter.

Der Untenstehende schlich sich leise unter den Baum, und gewahrte nun endlich auch den Jungen wie eine große schwarze Raupe um den Stamm herumhängen. Ob er ein Jäger war, ist seines kleinen Schnurrbartes und seines ausgeschweiften Jagdrocks unerachtet schwer zu sagen; in diesem Augenblicke aber mußte ihn so etwas wie ein Jagdfieber überkommen; denn atemlos, als habe er die halbe Nacht hier nur gewartet, um die Jungen in den Apfelbäumen zu fangen, griff er durch die Zweige und legte leise, aber fest, seine Hand um den Stiefel, welcher wehrlos an dem Stamme herunterhing. Der Stiefel zuckte, das Apfelpflücken droben hörte auf; aber kein Wort wurde gewechselt. Der Junge zog, der Jäger faßte nach; so ging es eine ganze Weile; endlich legte der Junge sich aufs Bitten.

»Lieber Herr!«

»Spitzbube!«

»Den ganzen Sommer haben sie über den Zaun geguckt!«

»Wart nur, ich werde dir einen Denkzettel machen!« Und dabei griff er in die Höhe und packte den Jungen in den Hosenspiegel. »Was das für derbes Zeug ist!« sagte er.

»Manchester, lieber Herr!«

Der Jäger zog ein Messer aus der Tasche und suchte mit der freien Hand die Klinge aufzumachen. Als der Junge das Einschnappen der Feder hörte, machte er Anstalten, hinabzuklettern. Allein der andere wehrte ihm. »Bleib nur!« sagte er, »du hängst mir eben recht!«

Der Junge schien gänzlich wie verlesen. »Herrjemine!« sagte er. »Es sind des Meisters seine! – Haben Sie denn gar kein Stöckchen, lieber Herr? Sie könnten es mit mir alleine abmachen! Es ist mehr Pläsier dabei; es ist eine Motion; der Meister sagt, es ist so gut wie Spazierenreiten!«

Allein – der Jäger schnitt. Der Junge, als er das kalte Messer so dicht an seinem Fleisch heruntergleiten fühlte, ließ den vollen Sack zur Erde fallen; der andere aber steckte den ausgeschnittenen Flecken sorgfältig in die

Westentasche. »Nun kannst du allenfalls herunterkommen!« sagte er.

Er erhielt keine Antwort. Ein Augenblick nach dem andern verging; aber der Junge kam nicht. Von seiner Höhe aus hatte er plötzlich, während ihm von unten her das Leid geschah, im Hause drüben das schmale Fensterchen sich öffnen sehen. Ein kleiner Fuß streckte sich heraus – der Junge sah den weißen Strumpf im Mondschein leuchten – und bald stand ein vollständiges Mädchen draußen auf dem Steinhof. Ein Weilchen hielt sie mit der Hand den offenen Fensterflügel; dann ging sie langsam an das Pförtchen des Staketenzaunes und lehnte sich mit halbem Leibe in den dunklen Garten hinaus.

Der Junge renkte sich fast den Hals aus, um das alles zu betrachten. Dabei schienen ihm allerlei Gedanken zu kommen; denn er verzog den Mund bis an die Ohren und stellte sich breitspurig auf zwei gegenüberstehende Äste, während er mit der einen Hand das geschädigte Kleidungsstück zusammenhielt.

»Nun, wird's bald?« fragte der andere.

»Es wird schon«, sagte der Junge.

»So komm herunter!«

»Es ist nur«, erwiderte der Junge, und biß in einen Apfel, daß der Jäger es unten knirschen hörte, »es ist nur, daß ich just ein Schuster bin!«

»Was denn, wenn du kein Schuster wärst?«

»Wenn ich ein Schneider wäre, würde ich mir das Loch von selber flicken.« Und er fuhr fort seinen Apfel zu verspeisen.

Der junge Mann suchte in seiner Tasche nach kleiner Münze, aber er fand nur einen harten Doppeltaler. Schon wollte er die Hand zurückziehen, als er von unten her ganz deutlich ein Klinken an der Gartentür vernahm. Auf dem Kirchturm drüben schlug es eben zwölf. – Er fuhr zusammen. »Dummkopf!« murmelte er und schlug sich vor die Stirn. Dann griff er wieder in die Tasche und sagte sanft: »Du bist wohl armer Leute Kind?«

»Sie wissen schon«, sagte der Junge, »'s wird alles sauer verdient.«

»So fang und laß dir flicken!« Damit warf er das Geldstück zu ihm hinauf. Der Junge griff zu, wandte es prüfend im Mondschein hin und wider und schob es schmunzelnd in die Tasche.

Draußen auf dem langen Steige, an dem der Apfelbaum in den Rabatten stand, wurden kleine Schritte vernehmlich und das Rauschen eines Kleides auf dem Sande. Der Jäger biß sich in die Lippen; er wollte den Jungen mit Gewalt herunterreißen; der aber zog sorgsam die Beine in die Höhe, eins ums andere; es war vergebene Mühe. »Hörst du nicht?« sagte er keuchend. »Du kannst nun gehen!«

»Freilich«, sagte der Junge, »wenn ich den Sack nur hätte!«

»Den Sack?«

»Er ist mir da vorher hinabgefallen.«

»Was geht das mich an?«

»Nun, lieber Herr, Sie stehen just da unten!«

Der andere bückte sich nach dem Sack, hob ihn ein Stück vom Boden und ließ ihn wieder fallen.

»Werfen Sie dreist zu!« sagte der Junge, »ich werde schon fangen.«

Der Jäger tat einen verzweifelten Blick in den Baum hinauf, wo die dunkle, untersetzte Gestalt zwischen den Zweigen stand, sperrbeinig und bewegungslos. Als aber draußen die kleinen Schritte in kurzen Pausen immer näher kamen, trat er hastig auf den Steig hinaus.

Ehe er sich's versah, hing ein Mädchen an seinem Halse.

»Heinrich!«

»Um Gottes willen!« Er hielt ihr den Mund zu und zeigte

in den Baum hinauf. Sie sah ihn mit verdutzten Augen an; aber er achtete nicht darauf, sondern schob sie mit beiden Händen ins Gebüsch.

»Junge, vermaledeiter! – Aber daß du mir nicht wiederkommst!« Und er erwischte den schweren Sack am Boden und hob ihn ächzend in den Baum hinauf.

»Ja, ja«, sagte der Junge, indem er dem andern behutsam seine Bürde aus den Händen nahm, »das sind von den roten, die fallen ins Gewicht!« Hierauf zog er ein Endchen Bindfaden aus der Tasche und schnürte es eine Spanne oberhalb der Äpfel um den Sack, während er mit den Zähnen die Zipfel desselben angezogen hielt; dann lud er ihn auf seine Schulter, sorgsam und regelrecht, so daß die Last gleichmäßig auf Brust und Rücken verteilt wurde. Nachdem dieses Geschäft zu seiner Zufriedenheit beendet war, faßte er einen ihm zu Häupten ragenden Ast und schüttelte ihn mit beiden Fäusten. »Diebe in den Äpfeln!« schrie er; und nach allen Seiten hin prasselten die reifen Früchte durch die Zweige.

Unter ihm rauschte es in den Büschen, eine Mädchenstimme kreischte, die Gartenpforte klirrte, und als der Junge noch einmal den Hals ausreckte, sah er soeben das kleine Fenster wieder zuklappen und den weißen Strumpf darin verschwinden.

Einen Augenblick später saß er rittlings auf der Gartenplanke und lugte den Weg entlang, wo sein neuer Bekannter mit langen Beinen in den Mondschein hinauslief. Dabei griff er in die Tasche, befingerte seine Silbermünze und lachte so ingrimmig in sich hinein, daß ihm die Äpfel auf dem Buckel tanzten. Endlich, als schon die ganze Hausgenossenschaft mit Stöcken und Laternen im Garten umherrannte, ließ er sich lautlos an der andern Seite hinuntergleiten und schlenderte über den Weg in den Nachbarsgarten, allwo er zu Haus war.

MARIE LUISE KASCHNITZ
AUGUSTGARTEN

10. August

Der Garten in B. im Augustlicht, das so einzigartig ist, weil es das Metall des Herbstes, auch die Klarheit des Herbstes schon in sich trägt. Dazu gibt es in diesem Monat mehr Farben als in jeder anderen Jahreszeit, die rosa, weißen und blauen Sommerblumen sind noch immer da, während die gelben und roten Herbstblätter bereits erscheinen. Rosa und weißer Phlox, weißer und tiefblauer Rittersporn, blaue Lupinen, rosa und blaurote Rosen und daneben schon die kräftig riechenden, um nicht zu sagen stinkenden Tagetes, gelbrot, Zinnien in allen Farben, gelbe und rote Dahlien und die ersten Sonnenblumen noch erhobenen Hauptes am aufgereckten Stengel. Heiße, aber schon kürzere Hochsommertage, die man festhalten möchte, aber nicht festhalten kann, nicht einmal sagen, was so beglückend ist an all dieser wilden Blüte, den Lichtfluten über geschorenen Rasenflächen, den feinen Schatten, die am Nachmittag die Rabattenrosen auf den Sandweg werfen. In der sogenannten Pferdelaube sitze ich, lasse meine Blicke wandern, registriere die Bäume des Gartens, den alten unter seinem Efeubelag langsam sterbenden Birnbaum, die junge, schwarzblättrige Trauerulme, die alten, schon ein wenig schütteren Hainbuchen, die junge Eiche, die junge Katalpa, den alten Apfelbaum, der mit zahllosen winzigen Äpfelchen im nahezu blattlosen Gezweig seinen letzten Sommer erlebt. Den Perückenstrauch mit seinen grauseidenen Haarbüscheln, den Ginkgo mit dem zweigeteilten, dem Goetheschen Liebesblatt, die Trauerweide, die ebenfalls noch jung ist, aber gewaltig, auch gar nicht traurig, sondern komisch strukturlos, wie gewisse Hunde, die Kopf, Rücken, Beine, Schwanz unter einer lang herabhängenden Felldecke verstecken. Nachmittag im August, großes Glücksgefühl, und doch keine Möglichkeit mehr, ah und oh zu schreien, nur zu sagen, was da ist und wie man selbst da ist, halb lahm, aber gesund, auf einem weißen Gartenstuhl, und das Herz vor Freude zuckend, aber ein Gedicht wird daraus nicht, heute nicht mehr. Zum ersten Mal sind in diesem Jahr die beiden breiten Mittelrabatten nicht mit Stauden, sondern mit einer Polyantharose bepflanzt, Name Betty Prio, grellrosa, fast bestürzend, aber eine Hochsommerlust ohnegleichen, während die schon erwähnten kranken Hoflinden November spielen, nur daß an einigen Zweigen, tief unten verwunderlicherweise, ganz neue Blätter treiben, jung, lichtgrün, zart.

WILHELM LEHMANN
NOCH IST DER HIMMEL VOLL
VON SCHWALBEN

12. August 1928

Auf den Blättern des Seidelbastes, der hier viel in den Bauerngärten steht, sitzt der Staub der heißen Tage, obwohl inzwischen ein Gewitterregen sie abgewaschen hat. Gegen den blattlosen Strauch des Vorfrühlings, der mit seinen kristallisch glänzenden, rotvioletten Blüten die Kühle des Vorfrühlings einsam, aber mächtig durchduftete, ist seine jetzige Gestalt, die Blattrosetten, die grellroten Perlen von Beeren, so schwer erkennbar wie gegen den Knaben der Mann. Die Rosen, die so spät erst blühen konnten, hat der Regen verdorben. Der großen Hitze ist eine Erschlaffung gefolgt. Die Eschenfrüchte sind kleinfingerlang. Fingernagelgroße Kröten hüpfen über die Wiesen. Als sie trocken waren, explodierte der Boden bei jedem Schritt von frisch ausgeschlüpften Heuschrecken. Zu Hunderten sitzen die jungen Uferschwalben auf den Drähten der Weidezäune. In die tiefe Bläue des heiteren Nachmittags drehen sich die Mauersegler – wehmütig folgt ihnen der Blick. Im August schon verlassen sie uns. Auf dem Wasser des Binnensees füttern die schwarzköpfigen Seeschwalben die piepsenden Jungen, nicht anders als auf dem Lande die Mehl- und Rauchschwalben ihre Kinder.

Ich fand in der Gabel eines dichtbelaubten Heckenhaselstrauches ein Nest des rotrückigen Würgers mit vier Jungen. Ich sorgte, ob sie noch flügge würden zur großen Reise, die auch schon im August bevorsteht, aber sie waren fertig – fertig bedeutet ›fahrtbereit‹ –, ehe ich es gedacht, und üben sich schon im Fliegen. Graugrün perlt der Hafer, der Regen hat die Gerste nur stellenweise gelegt, auch der Roggen steht, wo der Boden ihn im Frühjahr nicht ausgefroren hat, gut; wunderschön schwer aber ist der Weizen geraten. Der Landmann rechnet hier mit einer besseren Ernte als im Vorjahr. Schon taumelt die Erde leicht, wie nachzitternd den großen Entzückungen der Wärme – überleidenschaftlich hat der Mauerpfeffer sich schnell ausgeblüht – wie unter ruhigen Augenlidern glänzt sanft die rotweiße Hauhechel. Es sitzt uns wie das Gefühl für eine geliebte Musik in den Gliedern, daß das Wachsen nun aufhört und nur Früchte noch reifen und platzen – Schöpfung aber geschieht jeden Augenblick. Der Rainfarn ist voll von Knospen erst, die genau kleinen, grünen, zwirndurchzogenen Knöpfen gleichen – nicht lange, und er blüht goldstrotzend und versammelt im

Duft seines ganzen Leibes noch einmal die dringende Kraft des Sommers. Freilich, die Glut der Julimitte nahm auch den Ibis unseres Landes mit, den Säbelschnäbler. Die ausgetrocknete Lache bewahrt den Eindruck seines zierlichen Fußes.

26. August 1928

Ach, die Mauersegler sind nicht mehr da! Weg ist das helle, weittönende »spispispi«, das Tag für Tag über unseren Köpfen erscholl, weg das reißende Ungestüm um die Spitzen der Türme und Häuser – die ganze kleine Stadt schwebte und jubelte mit ihnen. Triumph des wilden, ungebrochenen Daseins sang es in unser gezähmtes Leben! Erfunden hat sich diese Vögel die Luft selbst in ihrer besten Minute. Sie haben fast keine Füße, sie gehen und wandeln nicht – sie fliegen, und selbst ihr Liebesspiel spielen sie im Fluge. Wenn ich spät in die Nacht hinein aus ihren Löchern dort oben über den Luken des Kirchturms ihr Gezwitscher hörte, dachte ich der Worte Egmonts: »Süße, freundliche Gewohnheit des Daseins«. Als ich sie Ende Juli als einzelne, da sie sonst doch in geschlossenen Kolonnen kreischen, sausen, jagen und schwenken, lautlos in die Bläue steigen sah, da wußte ich, daß ihnen schon ein anderer Himmel ins Blut gesickert war. Eines Tages, es war der zweite oder dritte August, war die Schar spurlos verschwunden. Wenn sie wiederkommt, dann ist der Gram eines anderen Winters über der Stadt gewesen.

Noch ist der Himmel voll von Schwalben – noch über einen ganzen Monat lang. Zärtlich hingegeben folgt ihnen das Auge. Noch blühen reich der Blutweiderich, das große Weidenröschen, die Flockenblume, sie blüht mir rosigviolett fast über die Füße, der Thymian, der Rainfarn, die Zaunwinde, Wicken, Schafgarben, am Strande die Strandaster, im Graben die Blumenbinse – merkwürdig, wie die Farben des Nachsommers vielfädiger, weniger reich an reinen Tönen sind als im Frühjahr. Aus dem Bade des Schnees stiegen ganz reine Farben: weiß, blau, schwefelgelb, tiefes, klares Grün. Auch der Duft der Frühlingsblumen ist anders: frisch und scharf, unmittelbar aus unverbrauchter Erde gewonnen. Jetzt aber glüht es purpurn öfter als blau, kremweiß öfter als weiß, orange öfter als gelb, und duftet es aromatisch und schwer. In der tizianischen Wucht der Sommerfarben vergeht die klare Zeichnung der ersten Monate. Mit der Hitze, mit der Erwartung der Gewitter, mit den Gewittern hat die Erde gebangt und gelitten, und gegen die dichtgesponnene Schönheit des Erwachsenen versinkt die einfache Anmut des noch Unversuchten.

Gegilbt steht endlich der Roggen, die Ernte findet heuer um gut zwei Wochen später als sonst statt, mit dem Sommergetreide wird es sogar September werden. Vielleicht klafft dann die Lücke zwischen Sommer und Winter nicht so empfindlich, wird ein sommerlicher Duft sich in den Winter spinnen, wie er aufquillt, wenn wir im Winter auf den Heuboden steigen.

30. August 1928

Ein italienisch blauer Himmel verzaubert das Ende des Augustmonats. Wollüstig streckt sich der Badende am weißen Strande. An den rotvioletten Blüten des Meersenfs trinken Hummeln und Kohlweißlinge. Zwanzig Brachvögel flogen über mich weg. Vor den Toren der Stadt schwenkten sie um. Lange Bänder reisender Vögel kräuseln sich im fernen Blau, zu fern, als daß ich sie im schärfsten Glas bestimmen könnte. Kraftvoll grün stehen noch die Pappeln, still reifen die Haselnüsse, bleich mit einem Tupfen Karmin. Die gelben Augustäpfel liegen zu Füßen der Bäume, und Kirschen hat es gegeben und gibt es so viel wie seit langen Jahren nicht.

Kommt die Dunkelheit geschwind, so entlockt ihr die Helligkeit der elektrischen Birne noch manchen Falter. Als Nachzügler der Julinacht flattert ein schöner, damals auf den warmen, staubigen Wegen überall häufiger Schmetterling, weiß, mit schwarzen, rundlichen Flecken, durch welche sich auf der Mitte und am Grunde der Vorderflügel eine ockergelbe Binde zieht. Es ist der Stachelbeerspanner, auch Harlekin und Tintenfleck genannt. Glücklich waren wir schon als Jungen, wenn wir ihn abends aus Stachelbeer- und Johannisbeerbüschen im elterlichen Garten aufstöberten. Die große, schwarzbraune Raupe, die ich Ende Juni zwischen die jetzt märchenhaft blühenden Pantoffelblumen tat und die sich am nächsten Abend verpuppte, ist in den ersten Augusttagen ausgeschlüpft zu einem mächtigen Wollraupenspinner, der Grasglucke. Es muß ein Weibchen gewesen sein, denn am Topfrande klebte ein Perlenkollier von hellblauen, opalisierenden Eiern. Kleine Raupen werden ausschlüpfen. Mir ist nur noch das gelblichweiße, weiche Gehäuse geblieben, das die Ausschlüpfende zierlichleicht am Kopfende gespalten hat.

Wehmütige Ahnung treibt das Auge des Wandernden, so viel vom Licht zu trinken, als seine Wimper halten kann. Es ist, als wäre das Licht schon etwas geschwächt, so daß es kaum mehr zu den Dingen selbst gelangen kann. Und die Schatten fressen und lassen manches schon gar nicht mehr los. Blauer Duft schleiert um die Bäume, ein Geruch von Apfelmost zieht durch die Luft.

Wenn ich am frühen Morgen an den abgeernteten Gerstenfeldern entlanggehe, bekriechen den taunassen Weg die großen, schwarzen Nachtschnecken. Sie stehen der Erde am nächsten, vielleicht hat der Erde ihre Erschaffung die geringste Mühe gemacht; sie sehen aus, als könnten sie im Nu wieder zu Erde werden. Ähnlich geht es mir mit den bezaubernden Quallen des Meeres, wie sie der Ostwind in unsere Förde treibt. Der violette, der orangedunkle Leib, aus der Tiefe gelöst, zerfließt, fließt in die Urflüssigkeit zurück. Aber mag auch der Phantasie die Verwandtschaft von Schnecke und Erde und von Qualle und Wasser aufleuchten – das Nu der Schöpfung bedeutet nach irdischem Zeitmaß ein Jahrtausend oder mehr.

Aus: Bukolisches Tagebuch 1927–1932

PETER ROSEI
AUGUST

In aller Morgenfrühe schon pumperte ein Gewitter an Dach und Fensterscheiben; das klang recht herrisch und brummte mir ganz ordentlich durch den verschlafenen Kopf. So geht es nun seit Tagen: Es regnet. Doch ist's nicht der laue Regen des Sommers, der so angenehm über dem Gesicht ist und an den nackten Zehlein, sondern sein kühler, triefnasiger Bruder mit dem großen, grauen, tropfnaßen Wetterfleck. Den hat niemand gar besonders gern, mit Ausnahme des Landmanns vielleicht, der viel Wiesen hat, Herr des Grünlands ist. Sein Kollega nämlich, der Körndlbauer, schüttelt da den Kopf, denn er will Sonnenschein, will schön im Trockenen ernten. Ein echter Wetterkonflikt also! – Wie gut, daß der Herrgott das Wetter macht und nicht wir Menschen: Bemerkung eines Weisen, im schlichten Binsenkörbchen der Beschränktheit aufgetragen!

Und sonst? Was ist sonst?

Nun ja, der Mais steht prächtig, ganz außerordentlich sozusagen. Viele kleine Luftwurzeln streckt er aus und versenkt sie im Boden; so hält er sich aufrecht in Regen und Sturm. – Was er gar nicht mag: Die Lausbuben, die seine jüngsten Kolben stibitzen! Da laufen sie, diese Racker, jeder ein Bündel der süßen Beute unter dem Arm! Ich kenne euch, kenne euer Versteck, wo ihr ein Feuerlein unterhaltet, schön sorgfältig, schön fein, wo ihr annehmt, die Früchte eurer Spitzbüberei in Ruhe braten und verzehren zu können! Aber nein: Das Gestrüpp teilt sich. Gebückt trete ich heraus. Der Stolz des Indianers gebietet mir, mein Teil nicht selber zu nehmen.

Howgh, wie ich als Indianer zu sagen pflege.

Und sonst, was tut sich sonst?

Stille des Abends, lese ich hier in meinen Notizen. Ihr soll ein Abschnitt gewidmet werden: Es ist schön, abends zwischen Wiesen zu spazieren oder in die Felder hinein, und alles so ruhig und still und schauend. Ich mache das gern, abends spazieren, unter dem kühlen Fächerschirm der Dämmerung, so langsam, so stolz. Und manchmal, wenn ich die Schleife gar zu weit ausziehe, gerate ich dann in die Nacht hinein, in die schweren Felder, unter die Sterne. So leise ist ihr Licht über der Landschaft. So heimlich sind dann die Wege. So ruhig alles und still! Und sonst, fragen die Ungeduldigen, was gibt's sonst? Pst! – Ich stelle mir grade vor, daß der Bärenklau, der überall in den Wiesen steht, groß würde wie ein Baum! – Natürlich muß man wissen, daß der Bärenklau einen dicken, grünen Stengel hat und oben ein paar Dolden, grün, mit weißen Blüten. Wenn viel Bärenklau in einer Wiese wächst, so schaut das von fern wie ein Zauberwald aus, besonders in der Dämmerung, wenn ein schmaler Zaubermond aufgeht, und die Blüten des Bärenklaus mit seinem Zauberstab anrührt: Das schaut wirklich schön aus!

Und sonst, fragen die Zappeligen, was gibt's sonst? Der Bauer mag den Bärenklau gar nicht, weil sein dicker

Stengel nicht trocknet und so das ganze Heu verdirbt.
Und die Kühe fressen den Bärenklaustengel nicht. Der
Bärenklau ist ein Übel. Genauso wie der Ampfer. Aber der
heißt wenigstens Ampfer und nicht Bärenklau!

Und sonst, fragen die Kribbeligen, was gibt's sonst?
Wenn es lange Zeit trocken ist, wachsen auf den Wiesen
besonders die Pflanzen gut, die eine tiefreichende Wurzel
haben. Dazu gehören neben einigen Distelarten insbesondere Ampfer und Bärenklau.

Der Bärenklau...

Und sonst, rufen jetzt die, die's fast nicht mehr aushalten, was tut sich sonst?

Nur Ruhe, nur still! Ich blättere in meinem Notizbuch:
Die Vogelbeeren sind rot und beinahe schon reif. Bald
werden die Vögel kommen und dran naschen. Da hilft
keine Vogelscheuche dagegen! Das ist dann das reinste
Vogelfest! Eine Orgie in Federn! Ich halte mich lieber an
die Frühäpfel. Grünlich und frisch hängen sie unter dem
Laub. Ich klaube sie vom Weg auf, klar. Fallobst darf
jeder nehmen; behauptet der Volksmund. Er hat recht;
sage ich und beiße in meinen Apfel, daß der Saft nur so
spritzt. Würde ja bloß verfaulen oder zu Mus verkocht
werden, der arme Teufel! Auf der Kellerstiege steht jetzt
immer der Topf mit dem Mus, zum Auskühlen. Die Kinder
stecken ihre Finger hinein, die erwarten's nicht. Wie das
aber auch lockt und duftet! Wer könnte da vorbeigehen?
Wer könnte das schon?

Und sonst?

In der Dämmerung sah ich die Katze auf dem leeren
Feld. Vorsichtig pirschte sie sich an die Mauslöcher heran.
Immer schön vorsichtig. Dann lief sie auf die frisch geschorene Wiese hinüber und scheuchte die Vögel auf. In
sicherer Entfernung ließen sich die wieder nieder. Noch
einmal versuchte es die Katze. Dann schlich sie auf das

Feld zurück und hielt sich an die Mäuse. Maus, Maus, komm heraus...

Und sonst? Was sonst?

Jetzt ist es neun Uhr, und ich schreibe dies alles auf. Mein Schreibtisch ist da und meine Lampe. Unten sitzt man vor dem Haus und trinkt Wein. Die Gläser klingen beim Anstoßen. Die Schwalben schlafen schon. Den Tag über war's verhangen, jetzt ist der Himmel klar. Die Nachtgestirne zeigen sich. Die Großen plaudern und lachen. Da wollen die Kinder auch nicht ins Bett und laufen, aus Angst rufen sie einander, durch die Finsternis.

Und sonst?

Bei Thomas de Quincey, dem erleuchteten Opiumesser, las ich das Folgende aus dem Juni 1819: Ich habe zu verschiedenen Zeiten meines Lebens bemerkt, daß der Tod geliebter Wesen, der Anblick des Todes überhaupt (ceteris paribus) im Sommer trauervoller ist als in anderen Jahreszeiten. – Drei Gründe nennt de Quincey dafür: Erstens, daß der sichtbare Himmel im Sommer viel höher, entfernter, unendlicher sei; zweitens, daß die sinkende Sonne ein bildkräftiges Symbol des Unendlichen sei; und drittens, daß sommers zwischen der Fruchtbarkeit des Lebens und der Unfruchtbarkeit des Grabes ein Gegensatz sei, der sich dem Gemüt stark einpräge. – Dann fährt er fort: Aus allen diesen Gründen ist es mir wohl unmöglich, wenn ich einsam an endlosen Sommertagen dahinwandere, den Gedanken an den Tod abzuweisen.

Sonst ist nichts zu berichten.

Aus: Flachgauer Tagebuch

THEODOR STORM
AUGUST

Inserat

Die verehrlichen Jungen, welche heuer
Meine Äpfel und Birnen zu stehlen gedenken,
Ersuche ich höflichst, bei diesem Vergnügen
Womöglich insoweit sich zu beschränken,
Daß sie daneben auf den Beeten
Mir die Wurzeln und Erbsen nicht zertreten.

FRIEDRICH HEBBEL
SOMMERBILD

Ich sah des Sommers letzte Rose stehn,
 Sie war, als ob sie bluten könne, rot;
Da sprach ich schauernd im Vorübergehn:
 So weit im Leben, ist zu nah am Tod!

Es regte sich kein Hauch am heißen Tag,
 Nur leise strich ein weißer Schmetterling;
Doch, ob auch kaum die Luft sein Flügelschlag
 Bewegte, sie empfand es und verging.

GEORG TRAKL
SOMMERSNEIGE

Der grüne Sommer ist so leise
Geworden, dein kristallenes Antlitz.
Am Abendweiher starben die Blumen,
Ein erschrockener Amselruf.

Vergebliche Hoffnung des Lebens. Schon rüstet
Zur Reise sich die Schwalbe im Haus
Und die Sonne versinkt am Hügel;
Schon winkt zur Sternenreise die Nacht.

Stille der Dörfer; es tönen rings
Die verlassenen Wälder. Herz,
Neige dich nun liebender
Über die ruhige Schläferin.

Der grüne Sommer ist so leise
Geworden und es läutet der Schritt
Des Fremdlings durch die silberne Nacht.
Gedächte ein blaues Wild seines Pfads,

Des Wohllauts seiner geistlichen Jahre!

RICARDA HUCH
MONDENWEISSER JASMIN

Mondenweißer Jasmin,
Duftest so zärtlich bang.
Ach, wie die Tage fliehn!
Schon naht des schönen Sommers Untergang.

Alles verblüht, verweht,
Blumen und Menschen auch.
Was wir so heiß erfleht,
Schwindet dahin wie ferner Höhenrauch.

Einst sinkt stolzeste Macht,
Herrlichster Stamm zerbricht,
Und es erlischt in Nacht
Auch der Liebe süßes, heiliges Licht.

GOTTFRIED BENN
EINSAMER NIE –

Einsamer nie als im August:
Erfüllungsstunde – im Gelände
die roten und die goldenen Brände,
doch wo ist deiner Gärten Lust?

Die Seen hell, die Himmel weich,
die Äcker rein und glänzen leise,

doch wo sind Sieg und Siegsbeweise
aus dem von dir vertretenen Reich?

Wo alles sich durch Glück beweist
und tauscht den Blick und tauscht die Ringe
im Weingeruch, im Rausch der Dinge –:
dienst du dem Gegenglück, dem Geist.

FRIEDO LAMPE
SOMMER VERGLÜHT

Dahlien, Astern, Gladiolen, Georginen,
Mild von der gelben Sonne beschienen,

Drängen prunkend über den Gartenzaun,
Und allüberragend die Sonnenblumen schaun

Mit den großen gelben Gesichtern, den guten,
Während die Rosen sanft verbluten.

Aus der Dorfkirche leises Orgelgebrumme,
Um die prallblauen Trauben Bienengesumme.

Und Nebel steigt auf aus dem feuchten Garten
In Laubkronen, wo die Äpfel verdämmern, die harten.

Und in der Efeulaube auf dem Eisentische
Die bläulich schimmernden, süßduftenden Fische

Und Wein, schwarzrot, und Butter und Brot
Und die Fackel des Monds, die überm Garten loht,

Und Gelächter, Umarmung, Geflüster und Kuß
Und der kühlen Nächte verschwieg'ner Genuß,

Und der braunen Geige dunkler Gesang,
Wie satt das über die Wiesen klang.

Und Jungens, die schwimmen im schwarzen Fluß
Und heben dumpf jauchzend den Arm zum Gruß,

Und Kühe, leibschwere, im Wiesendunst
Muhn auf zu dem Mond. O schlürfe die Gunst,

Die letzte, des Sommers voll in dich ein,
Noch einmal dürfen berauscht wir sein.

Wie alles am tiefsten in Farben glüht,
Bevor es sich neigt und von uns zieht,

Wie Leben, kurz vor dem Untergang,
Bricht aus in flammenden Überschwang

Und dunkel flutenden Lobgesang!

WILHELM LEHMANN
TESTAMENT DES SOMMERS

Mach mich schön, spricht Sommertag.
Ehe ich verscheide,
Streue als den letzten Putz
Rose ihre Seide.

Meines Leichenhemdes Naht
Nähe dünner Faden.
Seidenraupe müßtest du
Ihn zu spinnen laden.

Lösen mich die Lüfte auf,
Soll es niemand klagen,
Unbekannten Dichter laß
Ein paar Verse sagen.

GÜNTER EICH
ENDE AUGUST

Mit weißen Bäuchen hängen die toten Fische zwischen
        Entengrütze und Schilf.
Die Krähen haben Flügel, dem Tod zu entrinnen.
Manchmal weiß ich, daß Gott am meisten sich sorgt
        um das Dasein der Schnecke.
Er baut ihr ein Haus. Uns aber liebt er nicht.

Eine weiße Staubfahne zieht am Abend der Omnibus,
        wenn er die Fußballmannschaft heimfährt.
Der Mond glänzt im Weidengestrüpp, vereint mit dem
        Abendstern.
Wie nahe bist du, Unsterblichkeit, im Fledermausflügel,
im Scheinwerfer-Augenpaar, das den Hügel herab
        sich naht.

RAINER DRAMBACH
IM JULI UND AUGUST

Seit Jahren, im Juli und August,
wenn die Villen, Ämter, Schulhäuser
und Fußballplätze verödet sind,
bekomme ich täglich Grüße von fern.
Der Briefträger wirft
einen Alphornbläser samt Gebirge,
die Seufzerbrücke, den Denker von Rodin,
einen Serben in Pluderhosen,
auch das schilfbestandene Ufer einer
    Nordsee-Insel
in meinen Kasten.

Freunde erinnern sich meiner,
nachdem sie ohne mich fortfuhren.

RAINER MALKOWSKI
41 GRAD

Die stillen Straßen
an einem römischen Sonntag
im August.
Wo ist der Schlüssel im Rücken
der vereinzelt
durch den Häuserschatten
ruckenden Puppen.
Im Postamt drüben,

unter dem lodernden Dach,
verbrennen die Briefe.
Ein gelber Bus ohne Fahrer
und mit geöffneten Türen
steht an der Endhaltestelle.
Irgendwo,
nicht zu finden
und gar nicht weit,
soll es eine Bar geben,
die auf hat.
Ein Stockwerk über der Commerzbank
schmelzen schwarz
und silbern
die Fenster.

JÜRGEN BECKER
WÖRTER IM SOMMER

Super-Sommer; hoffnungslos
ist das Wetter jedenfalls nicht mehr, und
immer frischer Glanz,
jedenfalls (und Pappeln
rascheln im See-Wind, denn dieser Wind jetzt
ist immer,
nein, nicht immer, jetzt aber,
See-Wind) auf den Pappeln, den Reihen
am Horizont in der Kölner Bucht.
Früher
sagten wir: Sommerfrische –
und die Endlosigkeit
war ein Zustand im August: Große

Ferien; im Meer der Weizenfelder. Nun
muß ich sagen, was Garben sind; die ganz Neue
Generation kennt nicht mehr (es gibt
nicht mehr) Garben; minutenlang dauert
der Dreizehnte August.
Berittene plötzlich
(Kornspringer, Reiterverein e. V.) im Staub
und Galopp über ein gelbes und leeres,
rechtsrheinisches Feld, und diese Wahrnehmung,
sonntags,
verändert den Sonntag. Schatten
der wirklichen Wolken wandern über das Feld,
nein, über die Einflugschneise, und
Ibiza
ist in der Nähe, ist in der Nähe
von Wahn. Ein Zeppelin, Zeppelin war
ein Wort
aus den Dreißiger Jahren, und
Feldflughafen war das Feld.
Nun wieder,
(weiter im Sommer)
Berlin, die Bundesliga,
der Giftmüll, die Giftmüll-Lawine,
das Mofa für die Untersekunda
– bald,
nein, bald ist nichts. Endlosigkeit
und Minuten
(bald ist verschwunden
die Ortschaft Knapsack),
ältere Wörter
für etwas im Sommer; gestern war Sommer.

HUGO DITTBERNER
ODE AN DEN LANDREGEN

Regen für die abgebrannten Felder,
Regen für das aufgesprungene Land und
die Ameisen; Schnürregen, ein Sommertagstraum,
bei geöffnetem Fenster, duftender Strom.
Regen über häßlichen Garagen aus Wellblech,
farblos, zu; ich will nie wieder den Regen
verraten, dies hemmungslose Tropfen, das
den Stein höhlt, das Gefieder der Vögel struppig
macht und wieder glänzend, dies Grau in Grau,
das die Augen schont und den Herzschlag
beruhigt, die Gewißheit, der Lesefrieden,
das zeitlose Aufblicken. O Regen,
O gleichförmig strömender Regen, das Land
wird weich und glatt durch dich, du färbst
die Blumen neu, du beugst die Blätter, bis es
von ihnen rinnt, friedfertig, unaufhörlich,
um mich herum, in mich hinein: O duldsamer
Regen, unter dem die Haare wachsen und
die Uhren beschlagen, nimmermüde, schläfrig,
ein Bote der nassen, gewendeten Kissen,
der Vorfreude, des Aufseufzens, der unendlichen
Gesänge. O Regenbogen!

ULLA HAHN
VERREGNETER SOMMER

Diesen Sommer seh ich
wie der Regen wirklich vom
Himmel fällt und strömt über
Bäume übern Farn übers Moos übers
Schneckenhaus bis ins Erdinnere.

Hahnenklee, Schwertlilien, Dotterblumen
plustern sich um verfächerte Bäche
und Tümpel. Überall drängen Flüsse und
Ströme an ihre Ufer und über
die Ufer hinaus.

In den Vorstädten laufen die Dächer
nach wie vielen Jahren ziegelrot an. Wetter
Hähne schalten die Flügel ein daß
die Tropfen stieben wie Tropfen stieben. Mit
Diamanten gar kein Vergleich.

Alle Wiesen grasgrün. Raben raben
schwarz. Rosen rot. Alles wie sichs gehört.
Wie jedes sich selbst gehört. Prallgefüllt
mit tieffliegenden Mücken drohen die
Schwalben zu platzen vor Glück.

GUNTRAM VESPER
SOMMERMORGEN

Ich schreibe im Schlafzimmer
am runden Gartentisch
Halbdunkel, vor Wochen ist
die Jalousie zerrissen, niemand
hat einen neuen Gurt besorgt.
Zerbrochene und abgenutzte Sachen
im ganzen Haus
der schmierende Füller, die Lampe
auf meinem Nachttisch zum Beispiel.

Und draußen verwüsten vier alte Männer
den Brennesselgarten mit einer Mähmaschine.

Der Junge hat einen Eimer geholt
er rettet die Kröten und Frösche
seine Schreie wie
Feuer und Eis.

JÜRGEN THEOBALDY
OFFENES HEMD

Für Konstantin Kavafis

Grelle Äcker, die Haut des weißen Tages,
Stimmen, Staub und Oliven, die Touristen
rutschen über die Steine, ohne sich zu
fürchten, blicken wie ich ins Tal, auf Knossos'
milde Anhöhe, von Zypressen umgrenzt.
In der Ruhe der Pinien ruht sie selber,
dunkle Gänge im Grund, die Toteninsel.
Viel ist es, was die Steine sagen, nicht mehr,
wo die Wörter nicht reden, nicht die Schriften.
Froher sitze ich dann im Kafeneion,
lese, höre Gespräche, schreibe selber
Verse, offen das Hemd. Bekannt sind mir schon
zum Hotel und zum Markt die vollen Straßen,
grüße erste Orangen, fern von Weihnacht.

THEODOR DÄUBLER
IN DER CHAMPAGNE

Ich höre ein Dengeln von Sensen. Die Ernte wird eingebracht; auch ich bin froh dabei. Schon bringen große Fuhrwerke das Getreide in die Scheunen. Strohblonde Kinder hocken droben und jauchzen. Wiederum ist die Champagne goldig geworden, und die letzte Sonne umflimmert die Reben im ersten Herbsttau; auch die sollen voll von Gold werden. Die Räder der Leiterwagen sind daher mit eisernen Ringen beschlagen und gesichert. Wie Sicheln fahren sie auf einen zu; auch sie ernten ein: die Strecke. Sichtbar besiegen sie Entfernungen.

Bei Vollmond gibts ein Erntefest. Allerhand Gelegenheitsarbeiter sind zusammengeströmt; bald werden sie aber wieder davon sein, um dann aber zur Weinlese nochmals aufzutauchen. Gauklerwagen stehn inmitten der Pappelallee und erschweren den Verkehr. Hunde bellen mehr als sonst; alle Tiere sind aufgeregt, die Gänse in einem fort im Wege, sie werden mit Geschnatter hin und her gescheucht und magern ab. Irgendwo ist eine Sau ausgekommen, und Kinder fangen mit ihr eine Gelegenheitshetze an. Von hochroten, ziemlich angetrunknen Kerlen wird Apfelwein aus Kellern in Bottiche hervorgepumpt, um auf Karren hinauszuschwanken zu Knechten, Mägden, Landstreichern und allem, was mithilft. Solch ungewöhnliche Aufregung tut dem Dorf wohl.

Der Vollmond geht soeben auf; das Fest kann seinen Lauf nehmen. Eine Drehorgel: einige Paare fangen an zu tanzen. Nun erschallt eine Stimme, die Zirkus ankündigt; die Leute rücken rings um einen leeren Kreis voneinander. Zwischen zwei Bäumen wurde ein Seil gespannt: eine rosa Jungfrau mit Seidenblume und Silberähren im Haare geht drauf mit einem Riesensonnenschirm spazieren. Ein Affe in roter Hose mit Soldatenmütze springt auf die Drehorgel und ein Clown mit Mehlgesicht und Silbersonne auf den Pluderhosen schlägt Purzelbäume. Der Mondschein blaut durch die Blätter auf lauter lachende Gesichter.

Rote, kugelrunde Lampions beleuchten einen Schanktisch. Große Fässer Apfelwein stehn im Umkreis. Wassermelonen aus dem Süden werden in schönen rosa Scheiben feilgeboten; man schlürft die Frucht beinahe ein, so zuckerig und schaumig schmeckt sie. Auch der Apfelwein mundet ausgezeichnet, aber die meisten denken ans Tanzen: Wenn doch die Zirkusgeschichte endlich ihr Ende nähme! Ein dicker Papierballon mit entzündetem Schwamm hat sich gut erhitzt und schaukelt nun über Köpfe und Laubkronen hinweg in die fast windstille Mondnacht.

Nur wenige haben ihn bemerkt, und ein paar Kinder verfolgen ihn mit den Blicken.

Eine geschminkte Dame mit einer lebendigen Riesenschlange um den Hals und über die Schultern zeigt sich dem Publikum. Sie schleppt gewissermaßen das letzte Zirkusende mit sich fort und bringts handgreiflich um den Schanktisch jedem einzelnen dar. Man darfs eigenhändig befühlen. Ein paar Landmädchen erschrecken vor der Schlange und laufen davon; unternehmende Burschen ihnen nach.

Es soll aber noch einen Ball geben. Die Musik ist nun einmal bestellt und zur Stelle: zwei Geigen und ein Cello. Heftig-lila Azetylenlichter verstärken die purpurne Lampionsbeleuchtung, und der Tanz ist schon im Gange: die Paare kugeln sich in der Waagerechten.

Wenn nicht Geschlecht und Lust einmal zu oberst und der Verstand mit seinem Kopf zu unterst zu stehn kommen, so kann die Welt nicht weiter fortrollen. Ihr Schnitter und Säemänner seid eben dabei, die Erde im Geleise zu erhalten. Die Mägde sind auch gern dabei und hoch erfreut, sie finden die Weltordnung ausgezeichnet. Gesetze und Weltgründe, um die sich Seher und Späher nächtelang abquälen, sind immer sprungbereit, um im Bewußtsein aufgenommen, durchgeführt zu werden; man muß nur wissen, wies richtig angepackt wird, damit sie forsch ins Lebendige eingebracht werden. Was so ein lachendes Mädchen doch alles von der Mondvollkommenheit weiß!

Wundervolle Champagne, die Fruchtbarkeit gärt in deinen Ähren, und es ist ein großer Sternschnuppentag. Die Stunden wurden nämlich umgekehrt, die Nacht hat man zum Tag gemacht. Der Apfelwein ist auf das Feld zurückgekehrt, die jungen Leute kriegen kugelrunde Räusche. Sie purzeln ja beim Stehn; nun, so bleiben sie viel lieber gleich beisammen liegen. Wenn dann die Sonne aufkommt, können sies ja gut verschlafen. Alles, was Nacht ist, bleibt wach: es gab noch nie ein besseres Erntejahr und auch noch keinen solchen Sternschnuppenregen. Die Nacht ist warm. Der Wein kann froh gedeihn, doch schenken Sterne, die erst spät heraufziehn, eine unerwünschte Kühle. Das Gras wird naß: das kann nichts tun, ein guter Rausch hält sich die jungen Menschen bis zur Wiederkunft der Sonne heiß und glücklich.

ANNETTE KOLB
NIE WIEDER

Zu Köln am Rhein, der festlich schönen Stadt, ließ ich mich am Domplatz vom Propagandachef eines Tourenwagens, der an fünfzig Personen fassen mochte, zu einer Rundfahrt überreden.

Der eine speist, der andere wohnt über seine Verhältnisse, und das bleibt so sein Lebtag lang... Als junges Mädchen schon horstete ich einmal drei Monate lang im fünften Stock eines repräsentativen Pariser Hotels. Aber der Rest war Spirituskocher, auch dieser nur geliehen. Und um die Hochstapelei auszugleichen und durchführen zu können, galt es heimliche Besorgungen in Nebengäßchen, hier ein hartes Ei zu erstehen, dort ein Kännchen

Rahm, aufrecht wie eine Blume eingeschlagen. Mittags wurde dann das stets zurückbehaltene Frühstückbrett zu einem thé complet, abends zu einem thé dînatoire gestreckt. Das Menu selbst in der bescheidensten crêmerie konnte ja nicht in Frage kommen. Dafür waren alle Säle unten mein, das Feuer im großen Kamin, all die schönen Leute, die ein- und ausgingen, ihr Frohsinn, ihr Wahn und die Zeitungen der ganzen Welt. Ein solches Doppelleben hinterläßt Spuren, Komplexe sogar. Dennoch, zu einem Massenausflug hatte ich mich nie verstanden. – Abfahrt des Riesenkastens punkt zwei Uhr, Fahrzeit eine Stunde zehn Minuten, dafür den Überblick und Eindruck von ganz Köln. Und sollte, was den andern recht ist, mir nicht auch einmal billig sein? ... Von diesem ethischen Gedanken bewegt, stieg ich ein, und der Schaffner verlangte augenblicklich drei Mark fünfzig. Steig wieder aus, flüsterte mir eine innere Stimme deutlich zu. Aber schon hatte er mir die Karte eingehändigt, und er war es, der gleich darauf absprang, die Türen zuklappte wie eine Falle und verschwand. Jeder hatte mehrere Plätze inne, konnte sich ausbreiten, ausstrecken sogar, dagegen war nichts zu sagen; aber die Sonne brannte hernieder, und der Schaffner zeigte sich nicht. Was soll denn das heißen, fragte ich ihn gereizt, als er um zwei Uhr zwanzig gemütlich daherkam. »Wir warten auf drei englische Herrschaften«, sagte er begütigend, »sie besichtigen den Dom, kommen aber gleich, und dann fahren wir sofort.«

Sie traten hervor, nahmen Platz, und jetzt konnte es losgehen. Statt dessen rumpelte uns ein zweiter, kleinerer Autobus älteren Typs zur Seite, und wir wurden gebeten, umzusteigen. Jetzt wäre der Moment gewesen, mit einer höhnischen Bemerkung auszuscheiden, auf das Vergnügen zu verzichten und die drei Mark fünfzig zu verschmerzen. Gerade heute hatte ich es nicht nötig; ein Radiohonorar raschelte in meiner Tasche. Aber wie sagt Balzac? »Avec la richesse commence l'avarice.« Und da war das teure Hotelzimmer, mit Bad, immer das alte Lied.

Auch in dem zweiten Wagen waren noch ein paar bis zur Selbstentzündung heiße Ledersitze frei, und die Absicht, weiteren Fahrgästen aufzupassen, trat jetzt klar zutage. Nunmehr galt es aber, die langmütigen Touristen bei guter Laune zu halten, und mit abgekartetem Lächeln näherte sich ein Photograph. Warum sind komische Dinge so selten komisch, während sie sich begeben? Man kommt nicht jeden Tag mit einem wütenden Gesicht auf die Platte, und es wäre eine lustige Erinnerung gewesen. Statt dessen hielt ich den Arm vor und wandte mich verärgert ab.

Es wurde geknipst und gelacht – in einer Stunde schon würden die Bilderchen, ganz unverbindlich, fertig sein. Da erhob sich mein Nachbar, der aussah wie ein blinder Passagier, und richtete sich auf. Dem Dom zugewandt, vor dem wir nun schon so lange in der Sonnenhitze warteten, verkündete er mit einem grauenhaften Organ: »Dies ist der Dom.« Chorweite, Fußhöhe, Grundsteinlegung, soundsoviel und dann und dann. Aber nicht genug: »Sis is se Casidral«, fing er wieder an. »Se Portal wis 48 Cents.« Er meinte die Heiligen. Es war zu viel. Aber jetzt gab es kein Entrinnen mehr. Denn man fuhr! »Hier ist eine romanische Kirche. Drittes Jahrhundert. Rome style, sirty century.« Unverweilt wurde dabei in eine Geschäftsgasse eingebogen: »Das Kaufhaus Tietz, das Kaufhaus Peters. Tietz stores, Peters stores, das Postgebäude, die Bank.« Als Trumpf das Haus des Herrn Farina.

»Können Sie nie still sein«, fuhr ich ihn an.

»Dann wissen Sie ja nichts«, sagte er gleichmütig. Und er dachte: Das ist eine böse Sieben, nur nicht dergleichen tun. Er hatte wohl eine daheim. Es kam ein alter Palast, der wurde im Sause genommen, wieder eine Kirche: »Rome style, sirty century.« Alles ging so schnell, es konnte unmöglich lange dauern, wenigstens das. »Der Salierring, der Sachsenring, se Salierbuloar, se Sachsenbuloar«, rief mit seiner Reibeisenstimme der Führer aus. Hier scharten sich die opulenten Villen der Stadt, vorwiegend aus der Vorkriegszeit, es ist wahr, und vielleicht waren es vorwiegend nur Fassaden mehr, aber es gab doch auch manch entzückende Neubauten darunter. Auf einer wunderbar gezogenen Rasenfläche spielte ein etwas zu dickes Kind mit einem Hund. Ein bißchen Notverordnung gehörte da schon hingepfeffert.

»Die Ulmer Allee, se Ulmer Buloar.« Ja, das waren Alleen! Durch das herrlich gewölbte Himmelsgrün schimmerte der Rhein. Aber schon polterten wir wieder stadteinwärts. War die Abfahrt verspätet gewesen, so sollte die Rückkehr um so pünktlicher eingehalten werden. Von neuem träumten altersmüde Türme an uns vorbei, melodisch auch ohne Glockengeläute, so mürbe, zart und taubengrau. Doch nur dem Photographen zu Ehren, der mit seinen fertigen Aufnahmen einstieg, wurde gestoppt, gleich darauf war der Domplatz wieder in Sicht, und man machte Halt vor dem Portal der 48 Cents. Welche Ideenassoziation! ... »wenn die Herrschaften mit meinen Ausführungen zufrieden waren ..., if se ladies and gentlemen ...« Da entstieg mit einem »Schauderhaft!« die böse Sieben, ohne sich umzusehen, als erste dem Gefährt. Von ihr erwartete man schon nichts mehr, auch vom Photographen war sie übergangen worden. Und nun wird sie noch einmal nach Köln fahren müssen. Denn was blieb von der Rundfahrt in ihr haften? Die Ulmer Allee, das Rasenbeet mit dem zu dicken Kind und eine Glasschale im Kaufhaus Peters, vor dessen Schaufenster infolge einer Verkehrsstörung der Wagen steckenblieb.

WOLFGANG HILDESHEIMER
WEYERSWYL ALS SYMPTOM

Vor wenigen Jahren noch erwarb ich in dem einzigen Kaufhaus von Gritzbüchau, wo ich mich im Sommer gern aufhielt, meine letzte Kuckucksuhr; als ich das nächste Jahr wieder dorthin kam, war der Laden verschwunden: an seiner Stelle stand ein Festspielhaus, in welchem soeben – es war abends – ein englisches Orchester unter einem italienischen Dirigenten die Fünfte Symphonie von Beethoven spielte. »Ein Zeichen der Zeit«, sagt der Leser und nimmt mir das Wort aus dem Munde.

Von einem Besuch des Konzertes sah ich ab. Ich hatte die Fünfte in derselben Woche, wenn auch allerdings in anderen Kombinationen, mehrmals gehört. Am nächsten Morgen reiste ich ab, recht verstimmt, nicht etwa wegen der Kuckucksuhr als Objekt – an sich bin ich kein Freund von Kuckucksuhren – nein, es war das Verschwinden dieses Gegenstandes als Symptom, welches meinen Gedanken zu schaffen machte. –

Wie dem auch sei, dies war für mich das Ende von Gritzbüchau als Ort der Entspannung. Noch in demselben Monat fuhr ich nach Weyerswyl an der Murthe, denn hier, dachte ich, sei man vor jeglicher Festspielgefahr sicher. Nun, ich hatte mich geirrt: die Entwicklung von Weyerswyl an der Murthe zur Festspielstadt hat gewissermaßen vor meinen Augen stattgefunden. Deshalb spreche ich in den folgenden Zeilen mit Autorität.

Weyerswyl ist idyllisch gelegen; die Murthe tritt hier aus dem Alpenvorland und bildet ein breites Flußbecken mit reich bewachsenen Ufern. Das Städtchen zeichnet sich dadurch aus, daß es keinerlei Tradition hat, hier also verhältnismäßig wenig Brauchtum gepflogen wird. Andrerseits gehört es nicht in die Kategorie der unverfälschten Orte, die durch einen solchen Umstand von Fremden dermaßen heimgesucht werden, daß die Unverfälschtheit sozusagen gefriert. Kurz, es war ein Platz, der zu müßigem Aufenthalt verlockte, und solche, die das Hochgebirge als beklemmend und das Meer als flach und öde empfinden, sich aber in Badeorten auch nicht heimisch fühlen – und nun bleiben ja nur noch wenige übrig – besuchten im Sommer gern Weyerswyl an der Murthe. Um so empörter war dieses Häuflein habitués – unter die ich mich auch bald rechnete – als eines Augusttages die Absicht des Gemeinderates bekannt wurde, in Zukunft auch hier Festspiele zu veranstalten. Vergebens machten wir ihn auf die Tatsache aufmerksam, daß Weyerswyl nun einmal des Nimbus' eines Festspielortes entbehre, daß überdies kein Klassiker, welcher Art immer, jemals hier geweilt habe, geschweige denn hier geboren sei (obgleich sich eine solche Behauptung schwer beweisen läßt). Vergebens führten wir die Voraussage ins Feld, daß gerade das Umsichgreifen des Festspielgedankens eines Tages Weyerswyl gleichsam als »Normalort« zugute kommen könne: es würde, so plädierten wir großspurig, »le dernier cri« werden, einen festspiellosen Ort zu besuchen; der Gemeinderat wollte von diesen Argumenten nichts wissen (– er wußte auch gar nicht, was ein »dernier cri« ist –), kurz, wir hatten in den Wind geredet. Betreten verließen wir das Amt; im Geiste sahen wir uns bei einer Freilichtaufführung des »Lohengrin« am Ufer der Murthe sitzen.

    Diese Befürchtungen waren nun allerdings verfrüht gewesen, denn etwas von dem Sinn unseres Anliegens war dem Gemeinderat trotz seiner Hartnäckigkeit nicht entgangen. Er hatte wohl eingesehen, daß sich Tradition nicht aus dem Boden stampfen läßt. Er besann sich auf die einzige wirkliche Eigenart, die der Ort zu bieten hatte, welche eine recht ungewöhnliche Basis für den Aufbau von Festspielen darstellt: den Murr.

Der Murr ist ein vorzüglicher, forellenähnlicher Flußfisch, welcher außer in dem südlichen Jugoslawien, dem Illyrien des Altertums – es handelt sich hier um eine zähere Variante, die aber auch schon im Aussterben begriffen ist – nur in der Murthe vorkommt und welchen der Gastwirt des Ortes, ein gewisser Kaspar Spieß, wirklich äußerst schmackhaft zuzubereiten verstand. Die Tätigkeit des Festspielkomitees, bestehend aus Bürgermeister, Schullehrer und besagtem Spieß, beschränkte sich also zunächst auf den Umbau der Gaststube in eine Art Bankettsaal und den Druck und Versand von Plakaten mit der Aufschrift: »Besucht die Weyerswyler Murrwochen«. Dieser Wortlaut wirft nicht nur ein seltsames Licht auf die sprachlichen Fähigkeiten des Schullehrers, sondern ist auch ein Symptom für die Ungeschicklichkeit, mit der man anfangs dieser Angelegenheit zu Leibe ging.

»Dann war es ja gar nicht so schlimm!« höre ich den Leser rufen. Aber warten Sie ab, Leser, es ist im Laufe der Zeit so gekommen, daß es manchen von uns nach Salzburg oder Edinburgh getrieben hat. – Denn beim Murr blieb es natürlich nicht: selbst dieses hinterweltliche Triumvirat hatte bald eingesehen, daß man den Gästen nicht zumuten konnte, Tag für Tag, mittags und abends, des gleichen Murrgerichtes froh zu werden. Zum Fisch gehört das Fleisch. Man engagierte also einen französischen Koch namens Grieux, einen Meister auf dem Gebiete des provenzalischen Tournedo, und so war – wenn auch zunächst noch in beschränkter Weise – für eine gewisse Abwechslung gesorgt. Diese beiden Männer also, Spieß und Grieux, bildeten den Kern des sich ständig erweiternden Kreises der Festspielinterpreten, dieser ein – fast möchte man sagen, etwas zu routinierter – Virtuose – (ich will keineswegs bösartig sein, aber es ist vorgekommen, daß seine Marinade Tomatenmark anstatt frischer Tomate enthielt) – jener ein urwüchsiger Könner, sozusagen eine Naturbegabung. – Es versteht sich, daß man in internationalen Gourmetkreisen auf diese Darbietung bald aufmerksam wurde.

Schließlich zog man einen Festspieldirektor zu und damit rückte Weyerswyl im Laufe von zwei Jahren in die Reihe der bedeutenden Festspielorte, in welcher es sich heute behauptet. Aus den »Weyerswyler Murrwochen« wurden die »Weyerswyler Kochfestspiele«*.

Ein prunkvolles Festspielhaus wurde errichtet, und jedermann, der die Spiele besucht hat, muß eingestehen, daß die feierliche Atmosphäre den Umstand, daß die Gelegenheit nicht dem Andenken klassischer Meister gilt, vergessen läßt. Es herrscht durchaus gehobene Stimmung: wenn man während der Eßpausen zu den Klängen eines Mozartschen Divertimento im Foyer lustwandelt, die Darstellungen berühmter Eßgelage der Mythologie und Geschichte an den Wänden betrachtet (unter welchen »Belsazars Fest« die eindrucksvollste ist), so kann man im Geiste dem Fischkoch Spieß eine Huldigung nicht versagen.

Für unseren kleinen Kreis Erholungsuchender kommt selbstverständlich Weyerswyl nicht mehr in Betracht. Aber zu ihnen gehöre ich ohnehin nicht mehr, denn die Umstände der Zeit, die von jedem von uns einen gewissen

---

* Wie man sich denken kann, führte diese Bezeichnung zuerst zu Verwechslungen mit den »Rapperswyler Golchfestspielen«, und mancher Feinschmecker sah sich betrogen, dem nun dort sozusagen anstatt eines Grieuxschen Lendenbratens Hubertus von Golchs Tragödienzyklus vorgesetzt wurde. Umgekehrt kam zwar diese Verwechslung auch vor, jedoch ist darüber, meines Wissens, kein Bedauern laut geworden.

Einsatz verlangen, haben mich zum Festspielkritiker gemacht. Es versteht sich, daß ich in solcher Eigenschaft mein eigenes Wohl der Wißbegier meiner Leser opfern muß und ich daher diesen Ort als Schauplatz aktueller Ereignisse betrachte: mein Aufenthalt hier beschränkt sich alljährlich auf ein paar Premierentage zwischen den Luzerner Festwochen und den Salzburger Festspielen.

Letzten Sommer war das weitaus stärkste Erlebnis das Fricandeau à la Pateliere von Leclerq (geb. 1898), welches auch gleichzeitig der größte Publikumserfolg war: der Applaus war nur dem eines wirklich berühmten Dirigenten nach Aufführung der Pathétique vergleichbar, und als die da-capo-Rufe nicht enden wollten, gab der Meister ein kleines encore in Form von Käseplätzchen. Ein liebevoller Einfall, mit welchem er sich die Herzen der Esser vollends eroberte. Eindrucksvoll war auch eine Zuppa alla Pavese des noch recht jungen Paolini. (Ein Kollege vom »Manchester Guardian« hat die Sherry-Zugabe als zu stark angegriffen – wie alle Dogmatiker beharrte er auf dem klassischen »soupçon« – welcher Meinung ich mich nach reiflicher Selbstprüfung nicht anschließe. Es ist letzten Endes eine Geschmacksfrage.) Wirklich Neues wurde nicht geboten. Auch diese Festspiele standen im Zeichen des Altbewährten, manchmal gelockert durch gekonnten Eklektizismus. Das Niveau der Interpretation war jedoch über jegliche Kritik erhaben. Leider habe ich das Gastspiel des Engländers Fosberry versäumt, dessen Schildkrötensuppe sehr stark gewesen sein soll; aber ich mußte zum Fidelio nach Salzburg. Der persönliche Vorzug mußte einmal wieder schweigen.

1951, so reich es auch an anderen Ereignissen sein mag, ist in erster Linie ein Festspieljahr. Ich muß also die Londoner Saison vor dem »Rigoletto« verlassen, um dem Züricher »Rigoletto« beiwohnen zu können. Nach den

Züricher Festwochen muß ich zu den Luzerner Festwochen. Danach werde ich es so einzurichten wissen, daß ich in Weyerswyl die Premiere der Bertorellischen Fassung von Spaghetti alla Milanese (zur Feier des Verdi-Jahres) erwische, um noch vor Salzburg einen Abend in Gritzbüchau zu verbringen. (Man spielt die Siebente Beethoven in einer neuen Kombination.) Dann nach Edinburgh, Stoke Newington, usw. . . . Das heißt natürlich, daß ich weder Wilhelm-Tell-Spiele in der Schweiz noch Andreas-Hofer-Spiele in Tirol besprechen kann, aber ich muß dieses Jahr von meinem Publikum ein wenig Nachsicht verlangen. Es ist ein hartes Brot, aber die Zeit verlangt Opfer von uns allen.

ALFRED POLGAR
SOMMERHOTEL

Wir sind, es ist noch nicht Hochbetrieb, kaum zwei Dutzend Gäste in dem freundlichen Hotel, das eine Terrasse auf den See hinaus hat, eine Halle, ein Lesezimmer mit erregenden Reklameheften von Badeorten und Sommerfrischen und leider auch ein Musikzimmer. Wir werden an kleinen Tischen abgespeist, die Servietten befinden sich in Hüllen aus geripptem Papier, auf denen, falsch geschrieben, der Name des Benützers steht. Es gibt, o wunderliches Spiel der Fügung, zwei Rosenberger unter den Gästen; hoffentlich erleben sie nicht Ärger infolge Postverwechslung. Der Hoteldirektor geht mittags und abends je zweimal hin und zurück durch den Speisesaal, das Ganze überschauend und umfassend. Von fünf bis sieben und von acht bis zehn Uhr spielt die Hauskapelle, drei Mann mit Hornbrillen, zum Essen auf, obgleich doch nicht alle Menschen nach dem gleichen Rhythmus kauen und schlucken wollen. Nach zehn Uhr abends übersiedelt die Kapelle in die kellertief gelegene Bar, deren Musikgeräusche aber, vermengt mit den dunklen Atemzügen des Sees und den hellen Lachtrillern erotisch bedrängter Park-Nachtwandlerinnen, mühelos auch in Zimmer der höchsten Etage dringen, ablenkend die Genien des Schlafes von ihrer feinen Arbeit, die so viel Stille braucht und Sammlung.

Tagsüber schwärmen die Gäste aus, in den Wald, an den Strand, auf die nahen Hügel; aber zu den Mahlzeiten sind sie alle da, jeder an dem Tisch, wo er hingehört. Daß alle das gleiche zu essen bekommen, schlingt ein zartes Band um die Speisenden, schafft zwischen ihnen eine Gaumen-Schicksalsgemeinschaft, ein Gefühl wahrhaft innerer Zusammengehörigkeit, die sich beim schwarzen Kaffee bis zu Annäherungswünschen steigert. Diesen wird in der warmen Jahreszeit leichter stattgegeben als im übrigen Jahr, in der so beliebten Natur leichter als in der steinernen Künstlichkeit der Städte; auch ist der Mensch, fern von Geschäft und Beruf, sowohl nachsichtiger gegen den Nebenmenschen als auch neugieriger auf ihn, fühlt sich zudem, als Erholer unter Erholern, Mitglied einer sanften Brüderschaft, deren Satzungen zu Güte und Unstrenge wider einander verpflichten. Kurz, die Gäste im Sommerhotel sind ein richtiges sogenanntes Kollektiv, eng verbunden durch die Kost, das gleiche Nichtstun und, was die Männer anlangt, durch die gleiche Passion am Weibe des Nächsten, eben weil es dies ist und nicht das eigene.

All die guten Menschen da, versammelt, um sich körperlich zu erneuern, sind redlich bemüht, auch von ihrer Seele die Winterhaut abzustreifen. Der Jugend glückt das ziemlich leicht, die Älteren sehen mit Bekümmernis, daß es für sie nichts mehr zu häuten gibt, daß ihr Geist und ihr Gemüt eine endgültige Fasson angenommen haben, an der Wasser, Freiheit, Luft nichts zu ändern vermögen. Sie glauben, daß sie jetzt ein Weilchen den Draht gelockert oder gelöst haben, der sie an Bureau, Amt, Arbeitstisch bindet, aber, au contraire, sie haben ihn durch die Entfernung vom Zuhause ihrer Interessen und Mühen nur noch straffer gespannt. Wenn sie ihre Post lesen, in ihre Zeitung schauen: sofort platzt die friedevolle Maske, und die Mienen der Beschäftigung, des Kampfes, des Müssens und Wollens werden Herren im Gesicht. Kommt aber die Post einmal nicht, bleibt die Zeitung aus, dann geht es den Gästen im Sommerhotel wie den seligen Göttern im Rheingold (ich meine die Oper, nicht das Berliner Restaurant), wenn sie lange nicht von Freyas goldenen Äpfeln genascht haben: greis und grau siechen sie grämlich dahin.

Wir wissen, auch wenn es nicht einmal bis zum Gruß zwischen uns gekommen ist, schon viel voneinander. Das Netz von Beziehungen, das sich unmerklich spinnt, ist schon recht merklich geworden, wir wissen, wer mit wem, in vielen Fällen sogar wo, wann und wie, die Frauen haben am Strande schon alle Vorzüge und Defekte ihrer Figur kundgegeben, abends schon alle ihre Kleider sehen lassen, es gibt keine Überraschungen mehr in diesen Punkten; wir haben unsere Sympathien und Antipathien aufgeteilt und den Leuten homerische oder Indianer-Namen gegeben, die mehr von ihnen aussagen als die Namen, die wirklich die ihren sind, etwa: »die Breithüftige«, »der rote Wiedehopf«, »Alma, das Mädchen mit der Matratze«, »die Kurzhaxete«, »der Riesenzwerg« und so ähnlich. Abreise von Gästen stimmt uns, auch wenn wir von ihnen gar nichts zu rühmen wüßten, als daß sie da waren, allemal ein bißchen traurig, die dann leeren Plätze im Speisesaal haben etwas Quälend-Verlassenes, und um Koffer auf dem Hotelauto, das zur Bahn fährt, schwebt Wehmütiges, »la mélancholie de bagage«, wie ein französischer Autor das genannt hat.

Wir sind ein vom Sommerwind zusammengewehtes Menschenhäufchen, das der nächste Hauch wieder weithin zerstreuen wird. Aber obschon wir wissen, daß uns nur ein paar kurze Wochen Beisammenseins beschieden sind, organisieren wir doch Freundschaften und Feindschaften, bilden Parteien und Gruppen, verteilen Würden und Unwürden, schwitzen Gefühle aus und Urteile wie die Bienen, das ist ihr Bienen-Muß, wächserne Substanz. Mit einem Wort, der Schriftsteller hat es auch hier, obgleich er nur von einer solchen Bagatelle wie vom Sommerhotel erzählt, er hat es auch hier schwer, nicht zu sagen: So ist das Leben!

PETER ALTENBERG
SOMMERABEND IN GMUNDEN

Wir, die nicht genug haben an den Taten des Alltages, wir Ungenügsamen der Seele, wir wollen unseren rastlosen, enttäuschten und irrenden Blick richten auf die Wellensymphonien des Sees, auf den Frieden überhängender Weidenbäume und die aus düsterem Grunde steil stehenden Wasserpflanzen!

Auf die Menschen wollen wir unsern impassiblen Blick richten, mit ihren winzigen Tragödien und ihren riesigen Lächerlichkeiten; mit düsterer Verachtung wollen wir nichts zu tun haben, und mildes Lächeln soll der Panzer sein gegen ihre Armseligkeiten!

Dem Gehen edler, anmutiger Menschen wollen wir nachblicken, dem Spiele adeliger Gebärden und der Noblesse ihrer Ruhe! Ein Arm auf einer Sessellehne, eine Hand an einem Schirmgriff, das Halten des Kleides bei Regenwetter, süßes kindliches Bacchantentum bei einem Quadrillefinale, wortloses Erbleichen und wortloses Erröten, stummer Haß und stummes Lieben und alles Auf und Ab der eingeschüchterten und zagen Menschenseele – – das, das alles wollen wir Stunde um Stunde in uns hineintrinken und daran wachsen!

Rastlos aber, vom Satan Gejagten gleich, stürmen die anderen enttäuschungsschwangeren Zwecken entgegen, und ihre Seele bleibt ungenützt, verdirbt, schrumpft ein, stirbt ab!

Jeder Tag bringt einen Abend, und in der Bucht beim Toscana-Garten steht Schilf, und Weiden und Haselstauden hängen über, ein Vogel flüchtet, und alte Steinstufen führen zu weiten Wiesen. Nebel zieht herüber, du lässest die Ruder sinken, und niemand, niemand stört dich!

ROBERT MUSIL
DAS FLIEGENPAPIER

Das Fliegenpapier Tangle-foot ist ungefähr sechsunddreißig Zentimeter lang und einundzwanzig Zentimeter breit; es ist mit einem gelben, vergifteten Leim bestrichen und kommt aus Kanada. Wenn sich eine Fliege darauf niederläßt – nicht besonders gierig, mehr aus Konvention, weil schon so viele andere da sind – klebt sie zuerst nur mit den äußersten, umgebogenen Gliedern aller ihrer Beinchen fest. Eine ganz leise, befremdliche Empfindung, wie wenn wir im Dunkel gingen und mit nackten Sohlen auf etwas träten, das noch nichts ist als ein weicher, warmer, unübersichtlicher Widerstand und schon etwas, in das allmählich das grauenhaft Menschliche hineinflutet, das Erkanntwerden als eine Hand, die da irgendwie liegt und uns mit fünf immer deutlicher werdenden Fingern festhält.

Dann stehen sie alle forciert aufrecht, wie Tabiker, die sich nichts anmerken lassen wollen, oder wie klapprige alte Militärs (und ein wenig o-beinig, wie wenn man auf einem scharfen Grat steht). Sie geben sich Haltung und sammeln Kraft und Überlegung. Nach wenigen Sekunden sind sie entschlossen und beginnen, was sie vermögen, zu schwirren und sich abzuheben. Sie führen diese wütende Handlung so lange durch, bis die Erschöpfung sie zum Einhalten zwingt. Es folgt eine Atempause und ein neuer Versuch. Aber die Intervalle werden immer länger. Sie stehen da, und ich fühle, wie ratlos sie sind. Von unten steigen verwirrende Dünste auf. Wie ein kleiner Hammer tastet ihre Zunge heraus. Ihr Kopf ist braun und haarig, wie aus einer Kokosnuß gemacht; wie menschenähnliche Negeridole. Sie biegen sich vor und zurück auf ihren festgeschlungenen Beinchen, beugen sich in den Knien und stemmen sich empor, wie Menschen es machen, die auf alle Weise versuchen, eine zu schwere Last zu bewegen; tragischer als Arbeiter es tun, wahrer im sportlichen Ausdruck der äußersten Anstrengung als Laokoon. Und dann kommt der immer gleich seltsame Augenblick, wo das Bedürfnis einer gegenwärtigen Sekunde über alle mächtigen Dauergefühle des Daseins siegt. Es ist der Augenblick, wo ein Kletterer wegen des Schmerzes in den Fingern freiwillig den Griff der Hand öffnet, wo ein Verirrter im Schnee sich hinlegt wie ein Kind, wo ein Verfolgter mit brennenden Flanken stehen bleibt. Sie halten sich nicht mehr mit aller Kraft ab von unten, sie sinken ein wenig ein und sind in diesem Augenblick ganz menschlich. Sofort werden sie an einer neuen Stelle gefaßt, höher oben am Bein oder hinten am Leib oder am Ende eines Flügels.

Wenn sie die seelische Erschöpfung überwunden haben und nach einer kleinen Weile den Kampf um ihr Leben wieder aufnehmen, sind sie bereits in einer ungünstigen Lage fixiert, und ihre Bewegungen werden unnatürlich. Dann liegen sie mit gestreckten Hinterbeinen auf den Ellbogen gestemmt und suchen sich zu heben. Oder sie sitzen auf der Erde, aufgebäumt, mit ausgestreckten Armen, wie Frauen, die vergeblich ihre Hände aus den Fäusten eines Mannes winden wollen. Oder sie liegen auf dem Bauch, mit Kopf und Armen voraus, wie im Lauf gefallen, und halten nur noch das Gesicht hoch. Immer aber ist der Feind bloß passiv und gewinnt bloß von ihren verzweifelten, verwirrten Augenblicken. Ein Nichts, ein Es zieht sie hinein. So langsam, daß man dem kaum zu folgen vermag, und meist mit einer jähen Beschleunigung am Ende, wenn der letzte innere Zusammenbruch über sie kommt. Sie lassen sich dann plötzlich fallen, nach vorne aufs Gesicht, über die Beine weg; oder seitlich, alle Beine von sich gestreckt; oft auch auf die Seite, mit den Beinen rückwärts rudernd. So liegen sie da. Wie gestürzte Aeroplane, die mit einem Flügel in die Luft ragen. Oder wie krepierte Pferde. Oder mit unendlichen Gebärden der Verzweiflung. Oder wie Schläfer. Noch am nächsten Tag wacht manchmal eine auf, tastet eine Weile mit einem Bein oder schwirrt mit dem Flügel. Manchmal geht solch eine Bewegung über das ganze Feld, dann sinken sie alle noch ein wenig tiefer in ihren Tod. Und nur an der Seite des Leibs, in der Gegend des Beinansatzes, haben sie irgend ein ganz kleines, flimmerndes Organ, das lebt noch lange. Es geht auf und zu, man kann es ohne Vergrößerungsglas nicht bezeichnen, es sieht wie ein winziges Menschenauge aus, das sich unaufhörlich öffnet und schließt.

HELLMUT VON CUBE
MITTSOMMERNÄCHTE

Wenn die Glühwürmchen einschweben in die Zeit, in die dunklen Mittsommernächte, aus dem Unterholz auf den Weg hinaus, hier eines, dort eines, wieder eines, wenn sie aus dem hohen Gras blinken wie winzige Laternchen überall in der Fichtenschonung, werden wir zu Mitwissern. Lautlos tauchen sie auf, steigen unruhig, als trüge sie ein wechselnder, sanfter Wind, empor, tauchen steil wieder ein zu den anderen, die im Gras geblieben sind, ganz an ihr kühles Strahlen gegeben. Und plötzlich sagt es uns auch der Ruf des Käuzchens, das Rascheln eines Tieres im Laub, die matte Helligkeit der Birkenstämme, die Finsternis aus dem Dickicht, der zögernde Schritt der Liebenden, das Aufrauschen in den Wipfeln: ein Fest ist im Gang. In den Glühwürmchen, in den zahllosen grünen Lichtchen wird das Geheimnis der Mittsommernächte sichtbar, wie in den Sternen das Geheimnis des Raums.

ERNST KAMMERER
DER ERSTE ZWETSCHGENDATSCHI

Das Auto summte, und wir hielten uns für Helden. Wir fuhren am hellichten Werktag und ohne Grund ins Gebirge. Im Hofgarten waren wir uns in die Hände gelaufen. Was für ein herrliches Wetter heute, hatten wir gesagt, und dann war uns eingefallen, daß wir hinausfahren könnten zu dem Bauerngasthaus hinter dem See, draußen im

Vorgebirge. Man fährt sonst hinaus, um es einem Fremden zu zeigen oder um ein kleines Fest zu begehen. Man fährt vielleicht auch für eine Besprechung hinaus, und ein Komponist ist oft draußen, weil ihn dort seine Melodien aufsuchen. Wir aber fuhren ohne Grund hinaus, und das imponierte uns sehr.

Wir waren ein Auto voll, die norddeutsche Eleonore, schlank, nobel, langgliedrig wie ein Windhund, das gute, lustige Münchner Hannerl, brutzlig und knusprig wie ein Brathendel, ein Schauspieler, den wir zuletzt als Max Piccolomini gesehen haben, irgendwo, und ich, der ich es aufschreibe.

Für das Auto ist es ein vergnüglicher Weg. Zuerst hat es zwei Dutzend Kilometer Autobahn, auf denen kann es so geschwind dahinlaufen, daß es gar nicht auf der Straße lastet. Es wischt über die Straße hin, es streichelt sie, es haucht an ihr entlang, es macht ein kokettes, luftiges Spiel mit der Straße. Wie sagt Ariel? Ich trink' im Flug die Luft, sagt Ariel. So das Auto auf der Autobahn. Dann geht rechts eine Straße weg, die man straßentechnisch wohl eine Stichstraße nennt. Man schmiegt sich die Kleeblattkurve entlang und ist schon drinnen in der Stichstraße, die in die Landschaft hineinsticht. Es ist eine lachende, breite Stichstraße, die schnell durch die Dörfer schlüpft. Auf einmal hüpft sie einen Hang hinunter, und da liegt dann der See. Über dem See waren schwarze Wolkentaschen. Neben dem See stehen die Hügel und die Berge. Eine kleine Straße macht ihr Zickzack hinauf. Sie hat Kehren und Haarnadelkürvchen. Sie ist wie ein Junges von der Großglocknerstraße. Oben auf der Höhe kam ein Wagen an uns vorbei, aus dem auf einmal grüßende Arme sich reckten. Wir hörten im Vorbeifahren ein paar Freudenschreie, die aber ganz zerrissen und zerscherbt an unsere Ohren kamen. Für jeden Fall haben wir auch gewinkt und geschrien. Vielleicht waren es Bekannte, vielleicht hielten sie uns irrtümlich für Bekannte. Dann rollt man auf dem Hügelrücken ein bißchen entlang und ein bißchen hinunter, und da steht das Bauernhaus, aus dem ein Wirtshaus gemacht worden ist, weil man eine gesegnete Aussicht hat und weil die Autos in den Vorbergen ihre Karawansereien haben müssen.

Wir blieben im Freien, obwohl die schwarzen Wolken am Himmel sich drängten und stießen, aufeinanderkrachten und ineinander verkeilten, so daß wir fürchteten, bald werde eine brechen und mit schrecklichem Naß auf uns herunterfallen. Wir trinken einstweilen heraußen Kaffee, den Kuchen nehmen wir dann im Haus, wenn es soweit ist, sagten wir mit bezeichnendem Blick gegen die Wetterwolken zur Kellnerin. Innen im Haus ist alles für die Gäste eingerichtet. Sogar der Stall, in dem ehemals die Kühe standen, mit ihren Ketten rasselten, Heu mampften und Milch gaben, ist verwandelt. Aus dem Stall ist ein niedriger Tanzraum mit offenem Kaminfeuer geworden. Auf der Kaminkonsole steht gewissermaßen zur Erinnerung an die Herkunft des Raumes ein gipserner Stier. Aber die Paare, die hier abends ihren Wiegeschritt sanft wogend und mit überlegener Lässigkeit tanzen, schauen den Stier nicht an und denken nicht an den Stall. Sie schauen nur sich an. Mild umschweben die Geister der Kühe diese Stätte und freuen sich, wenn ein tanzendes Paar recht kuhäugig vor sich hinwogt.

Was tat die Sonne? Sie brachte den Himmel an den Tag. Mit goldenen Armen teilte sie die Wolken. Blaue Felder leuchteten droben. Die Wolken hielten sich an den Berggipfeln fest und balgten sich nur noch ein wenig und zum Schein, damit es nicht so aussah, als hätten sie gleich nachgegeben.

Wir lebten auf, ließen uns die Sonne ins Gesicht scheinen und sagten der Kellnerin, daß wir's sogar mit dem Kuchen im Freien wagen würden.

Und da brachte sie uns eine Platte voller Zwetschgendatschi. Ach, da saßen wir alle mit ernsten Gesichtern und schauten den Zwetschgendatschi an. Soweit ist es schon mit diesem Jahr? Es war zwar ein schöner Zwetschgendatschi. Ein dünner und mürber Teig war der Grund, und darauf schwammen die Pflaumenschnitzel dichtgedrängt nebeneinander wie Kähne, die im Hafen aufgereiht sind. Sie hatten eine tiefpurpurne Farbe, die ins Dunkelblaue hinüberwechselte. Mehliger Zuckerstaub war drauf, und wir spürten, wie unsere Speicheldrüsen genießerisch arbeiteten, schon beim bloßen Anblick. Aber was half es uns, daß uns das Wasser im Mund zusammenlief. Es war der erste Zwetschgendatschi, und wenn es einmal soweit ist im Jahr, daß der Zwetschgendatschi auf den Tisch kommt, dann sinkt das Jahr, dann ist es eigentlich schon so gut wie vorbei. Laßt uns dies Jahr wegwerfen, es ist nichts mehr dran. Fangen wir gleich mit dem nächsten an. Wir waren alle tief betroffen, wir trauerten um die Hinfälligkeit des Jahres.

Wie Helden waren wir ausgezogen und nun dies? Dieser melancholische Zwetschgendatschi sollte uns kleinmütig machen? Nein, wir taten, was die Helden mit ihren Drachen von jeher tun. Wir vernichteten den Zwetschgendatschi. Für diesen Tag war der Sommer noch einmal gerettet. Um diesen Tag war das Jahr länger. Freilich ist der Zwetschgendatschi wie die Lernäische Hydra. Es wächst fast mehr nach, als man vertilgen kann. Aber mit der Zeit gewöhnt man sich daran. Man wird ihn nicht mehr als Zeichen des Jahresuntergangs ansehen. Man wird ihn als Zeichen der Fülle und der prangenden Kraft liebgewinnen. Gleichwohl wird man fortfahren, ihn zu vertilgen. Und wenn wir beim Übergangsschnupfen bedenklich ans verfließende Jahr gemahnt werden und wenn wir am Tag, an dem es zum erstenmal in der Dampfheizung knistert, einsehen müssen, daß es uns jetzt winterlich an den Kragen geht, dann werden wir vielleicht an den Zwetschgendatschi zurückdenken als an ein hochsommerliches Geschenk. Auch die Zeit hat ihre verfärbende Perspektive. Als wir heimfuhren, fielen die Wolken von den Bergen in die Täler. Sie ließen sich nicht mehr von der Sonne zurückhalten. Die Sonne bot den Wind gegen die Wolken auf. Der Wind drückte die Wolken tief, bis sie wie Fesselballone über unseren Häuptern schwebten. Dann überraschte der Wind die Wolken und fuhr unter ihnen durch. Dabei kämmte er sich in den Bäumen des Waldes, daß die Stämme zitterten. Die Wolken traten auf den Wind. Er schoß zwischen ihnen hoch und schlug sie aufs Haupt. Er war auf allen Seiten, und die Wolken taumelten ratlos durcheinander.

Auf der Straße sahen wir Motorräder, die standen still, weil sie nicht mehr gegen den Wind fahren konnten. Auch mit unserem Auto wollte er Segelboot spielen. Aber unser Auto ist wie ein Landsknecht und sagt: Her! Her! Der Wind fuhr den Mädchen in die Kopftücher und um den Hals, daß ihnen war, als schieße ihnen Wasser ums Gesicht. Das freute die Mädchen. Die Haare des Schauspielers flatterten. Man kann sich denken, wie die Haare eines Schauspielers flattern, der jüngst irgendwo den Max Piccolomini gespielt hat. Sie flattern wie eine Fahne. Blast, blast, oh, wären es die schwedischen Hörner! sagen die Haare des Max Piccolomini. Es war ein schöner Sturm. Wenn der Zwetschgendatschi nicht gewesen wäre, hätten wir gesagt, der Sommer hat heute eine Wut. So aber wußten wir, es war der erste Herbststurm vor dem Gebirge.

ELISABETH BORCHERS
ENDE DES SOMMERS

Wir haben uns lange genug
herumgetrieben
jetzt fällt die Sonne
in Ohnmacht
sie kann nicht mehr

Die Bäume hören auf
die Welle kommt nicht mehr
wie gewöhnlich sind die Dinge geworden
wie gewöhnlich

Die Wette war ich eingegangen
daß dieser Sommer bliebe

NACHWORT

Der Sommer hat die Dichter, Maler und Musiker nicht weniger inspiriert als die anderen drei Jahreszeiten. Sie haben seine schönen Bilder beschrieben, gemalt, komponiert: Landschaften im Sonnenglast, Ährenfelder, Blumengärten; Tage und Nächte, erfrischt vom Regen, gereinigt von Gewittern. Beethovens »Pastorale« ist die Sommermusik schlechthin: »Erwachen heiterer Empfindungen bei der Ankunft auf dem Lande«. Im Vierten Satz läßt er das Orchester ein Sommergewitter donnern und blitzen, und im Fünften Satz als dankbaren »Hirtengesang« ausklingen. Die Impressionisten waren an erster Stelle Maler des Sommers. Die heiße, flirrende Luft, Wellen und Wolken, Strände, rote Sonnenschirme und braune Haut hielten sie fest in rasch hingesetzten Strichen und Tupfern. Karl Krolow gab eine Erklärung hinzu, als er über den Sommer phantasierte: »Der Sommer, mit seiner Hitze, wird gestalthaft.« Und: »Der Sommer beschreibt sich selber, bis an den Zenit mit Licht bewaffnet, das in alle Winkel fällt.«

In der Lyrik und Prosa, die im »Sommerbuch« versammelt steht, reiht sich Sommerbild an Sommerbild; so kräftig, daß sie auch des Sommers Wärme und Duft auszustrahlen scheinen: »Das Erdreich decket seinen Staub/Mit einem grünen Kleide« (Paul Gerhardt). »Seine Ähren senkt das Korn,/Rote Beere schwillt am Dorn« (Theodor Storm). »Durch die Sommerherrlichkeit/schwirren Schwalben, flattern Falter« (Detlev von Liliencron). »Mein Herz steht bis zum Hals in gelbem Erntelicht« (Ernst Stadler). »Mondenweißer Jasmin,/Duftest so zärtlich bang« (Ricarda Huch). In ein paar Briefzeilen hat Eduard Mörike aufgeschrieben, wie er den Sommer im Pfarrgarten oder Pfarrhaus verbrachte: »Da sah ich am Fenster ein Gewitter von der Teckseite herziehen, eine Minute später drauf rollte der erste Donner, und alle meine Lebensgeister fingen an, heimlich vergnüglich aufzulauschen.« Seine ganze Hingabe an die Natur hat Mörike damit verzeichnet; auch schon die Aufforderung, sie mit ihm zu teilen.

Der Sommer, wie er kommt, wie er sich erfüllt – und wie er geht –, ist ein Thema des »Sommerbuchs« und der vielen Kapitel, in denen es komponiert ist. Juni-, Juli-, August-Sommer in ihrer Ähnlichkeit und Verschiedenheit. Sommer der Vergangenheit und Gegenwart. Sommerfeste, Sommerfrische und Sommerhaus. Gedichte und Prosa in der individuellen Sprache der Dichter und ihrer Temperamente. »Die Wasserfahrt« und »Vom Schwimmen in Seen und Flüssen« ist ein Kapitel, das sich hervorhebt. Ein anderes: »Die Sonne« und was sie den Dichtern und Menschen bedeutet: »Schönes Licht, das uns warm hält, bewahrt und wunderbar sorgt,/Daß ich wieder sehe und daß ich dich wiederseh!« (Ingeborg Bachmann) Daß Dichter, die im Sommer zur Welt kamen, eine Vorliebe für den Sommer hegen, scheint sich zu bestätigen. Hermann Hesse, an einem 2. Juli geboren, sang selbstbewußt und stellvertretend für alle Julikinder: »Wir Kinder im Juli geboren/Lieben den Duft des weißen Jasmin,/Wir wandern an blühenden Gärten hin/Still und in schwere Träume versunken.«

Bis herauf in unsere Gegenwart bleibt das Thema Sommer bei den Dichtern und Dichterinnen konstant. Freilich, es fehlen nicht die Bilder, die auf die Bedrohung seines Klimas und seiner schönen Bilder verweisen. »gestern war Sommer«, heißt es in einem Gedicht von Jürgen Becker. Also nicht allein Übereinstimmung, auch Besinnung und Nachdenken soll »Das Sommerbuch« wecken.

Hans Bender

QUELLENVERZEICHNIS

Peter Altenberg
9. 3. 1859 Wien – 8. 1. 1919 Wien
Sommerabend in Gmunden, S. 198
Aus: Ausgewählte Werke in zwei Bänden, Band I. Herausgegeben und mit einem Nachwort versehen von Dietrich Simon. Carl Hanser Verlag, München 1979. © S. Fischer Verlag Frankfurt am Main

Angelus Silesius (eig. Johann Scheffler)
Dez. 1624 Breslau – 9. 7. 1677 Breslau
Himmelfahrt, S. 35
Aus: Deutsche Barocklyrik. Auswahl und Nachwort von Max Wehrli. Manesse Bibliothek der Weltliteratur; Manesse Verlag Conzet und Huber, Zürich 1977

Ingeborg Bachmann
25. 6. 1926 Klagenfurt – 16. 10. 1973 Rom
An die Sonne, S. 68
Aria I, S. 148
Aus: Werke. Erster Band. Herausgegeben von Christine Koschel, Inge von Weidenbaum, Clemens Münster. © R. Piper & Co. Verlag, München/Zürich 1978

Jürgen Becker
10. 7. 1932 Köln, lebt in Köln-Brück
Wörter im Sommer, S. 178
Aus: Das Ende der Landschaftsmalerei. Gedichte. Suhrkamp Verlag Frankfurt am Main 1974

Walter Benjamin
15. 7. 1892 Berlin – 27. 9. 1940 Port Bou (Spanien)
In der Sonne, S. 109
Aus: Gesammelte Schriften, Band IV, I. Herausgegeben von Tillman Rexroth. Suhrkamp Verlag Frankfurt am Main 1972

Gottfried Benn
2. 5. 1886 Mansfeld/Mark Brandenburg – 7. 7. 1956 Berlin
Einsamer nie –, S. 173
Aus: Gottfried Benn, Statische Gedichte. Hg. von Paul Raabe.
(Neue Arche Bücherei 2) © 1948, 1983 by Arche Verlag AG,
Raabe + Vitali, Zürich

Ernst Blass
17. 10. 1890 Berlin – 23. 1. 1939 Berlin
Sonntagnachmittag, S. 115
Aus: Die Straßen komme ich entlang geweht. Sämtliche Gedichte.
Herausgegeben von Thomas B. Schumann. © 1980 Carl Hanser
Verlag München Wien 1980

Johannes Bobrowski
9. 4. 1917 Tilsit – 2. 9. 1965 Berlin
Rainfarn, S. 16
Aus: Boehlendorff und Mäusefest. Erzählungen. Union Verlag,
Berlin 1965

Elisabeth Borchers
27. 2. 1926 Homberg/Niederrhein, lebt in Frankfurt am Main
Ende des Sommers, S. 207
Aus: Gedichte. Ausgewählt von Jürgen Becker. Bibliothek Suhr-
kamp Band 509. Suhrkamp Verlag Frankfurt am Main 1976

Rainer Brambach
22. 1. 1917 Basel – 13. 8. 1983 Basel
Im Juli und August, S. 177
Aus: Heiterkeit im Garten. Das gesamte Werk. © 1989 by Dio-
genes Verlag AG, Zürich

Volker Braun
17. 5. 1939 Dresden, lebt in Berlin
Hingebung, S. 31
Aus: Gegen die symmetrische Welt. Gedichte. Suhrkamp Verlag
Frankfurt am Main 1974

Bertolt Brecht
10. 2. 1898 Augsburg – 14. 8. 1956 Berlin
Rudern, Gespräche, S. 93
Vom Schwimmen in Seen und Flüssen, S. 92
Heißer Tag, S. 120
Aus: Die Gedichte von Bertolt Brecht in einem Band. Herausgegeben vom Suhrkamp Verlag in Zusammenarbeit mit Elisabeth Hauptmann. Suhrkamp Verlag Frankfurt am Main 1981

Rolf Dieter Brinkmann
16. 4. 1940 Vechta – 23. 4. 1975 London
Einfach Sonne, S. 70
Aus: Standphotos. Gedichte 1962-1970.
© 1980 by Rowohlt Verlag GmbH, Reinbek bei Hamburg

Georg Britting
12. 12. 1891 Regensburg – 27. 4. 1964 München
Der Sommer ist fürchterlich, S. 120
Aus: Gedichte 1919-1939. Nymphenburger Verlagshandlung, München 1957. Abdruck mit freundlicher Genehmigung von Ingeborg Schuldt-Britting

Matthias Claudius
15. 8. 1740 Reinfeld/Holstein – 21. 1. 1815 Hamburg
Brief an Andres wegen den Geburtstägen im August 1777, S. 151
Aus: Asmus omnia sua secum portans oder Sämtliche Werke des Wandsbecker Boten. Herausgegeben von Urban Roedl. J. G. Cotta'sche Buchhandlung, Stuttgart 1954

Hellmut von Cube
31. 12. 1907 Stuttgart – 29. 9. 1979 München
Mittsommernächte, S. 202
Aus: Mitleid mit den Dingen und andere Prosa. © 1982 Paul List Verlag, München

Theodor Däubler
17. 8. 1876 Triest – 13. 6. 1934 St. Blasien/Schwarzwald
In der Champagne, S. 183
Aus: Mit silberner Sichel. 2. Aufl. Insel-Verlag. Leipzig 1920. Mit freundlicher Genehmigung von Friedhelm Kemp

Max Dauthendey
25. 7. 1867 Würzburg – 29. 8. 1918 Malang/Java
Drei Blitze, S. 144
Johannisfeuer, S. 28
Aus: Das Herz singt auf zum Reigen. Gedichte. Langen-Müller Verlag, München 1937

Hugo Dittberner
16. 11. 1944 Gieboldehausen, lebt in Kalefeld-Echte
Ode an den Landregen, S. 180
Aus: Ruhe hinter Gardinen. Gedichte 1971 bis 1980. Rowohlt Taschenbuch Verlag GmbH, Reinbek bei Hamburg, 1980. Mit freundlicher Genehmigung des Autors.

Annette von Droste-Hülshoff
10. 1. 1797 Schloß Hülshoff b. Münster – 24. 5. 1848 Meersburg/Bodensee
Im Grase, S. 51
Aus: Sämtliche Werke. Herausgegeben mit Nachwort und Erläuterungen von Clemens Heselhaus. Carl Hanser Verlag, München 1952

Jürgen Eggebrecht
17. 12. 1898 Baben bei Stendal – 19. 4. 1982 München
Roggenmuhme, S. 65
Aus: Die Vogelkoje. Ellermann Verlag, Hamburg 1949

Günter Eich
1. 2. 1907 Lebus/Oder – 20. 12. 1972 Salzburg
Ende August, S. 176
Heißer Tag, S. 67

Aus: Gesammelte Werke. Band I: Gedichte. Herausgeber: Horst Ohde. Suhrkamp Verlag Frankfurt am Main 1973

Theodor Fontane
30. 12. 1819 Neuruppin – 20. 9. 1898 Berlin
Briefe im Juli, S. 94
Aus: Briefe. Band I. Herausgegeben von Kurt Schreinert. Mit einem Nachwort von Charlotte Jolles. Propyläen Verlag, Berlin 1968

Max Frisch
15. 5. 1911 Zürich – 4. 4. 1991 Zürich
Es war an einem sommerlichen Sonntag (aus: Die Schwierigen oder J'adore ce qui me brûle), S. 75
Aus: Gesammelte Werke in zeitlicher Folge. Band I.2: 1931-1944. Werkausgabe edition suhrkamp. Herausgegeben von Hans Mayer unter Mitwirkung von Walter Schmitz. Suhrkamp Verlag Frankfurt am Main 1976

Stefan George
12. 7. 1868 Büdesheim b. Bingen – 4. 12. 1933 Minusio bei Locarno
Juli-Schwermut (aus dem Zyklus: Die Lieder von Traum und Tod), S. 59
Aus: Sämtliche Werke in 18 Bänden. Herausgegeben von der Stefan George-Stiftung, Stuttgart. Band 5: Der Teppich des Lebens und die Lieder von Traum und Tod mit einem Vorspiel. Bearb. von Ute Oelmann. Klett-Cotta, Stuttgart 1984

Paul Gerhardt
12. 3. 1607 Gräfenhainichen/Sachsen – 27. 5. 1676 Lübben/Spree
Sommerlied, S. 9
Aus: Des Knaben Wunderhorn. Alte Deutsche Lieder. Gesammelt von L. Achim von Arnim und Clemens Brentano. Vollständige Ausgabe nach dem Text der Erstausgabe von 1806/1808. Mit einem Nachwort von Willi A. Koch. Winkler Verlag, München 1957

Johann Wolfgang Goethe
28. 8. 1749 Frankfurt am Main – 22. 3. 1832 Weimar
Auf dem See, S. 87
Aus: Goethes Werke. Hamburger Ausgabe in 14 Bänden. Erster Band: Gedichte und Epen I. Herausgegeben von Erich Trunz. Verlag C. H. Beck, München 1978

Ulla Hahn
30. 4. 1946 Brachthausen/Sauerland, lebt in Hamburg
Verregneter Sommer, S. 181
Aus: Herz über Kopf. Gedichte. DVA, Stuttgart 1981

Jakob Haringer
16. 3. 1898 Dresden – 3. 4. 1948 Zürich
Sommerlied, S. 115
Aus: Vermischte Schriften. Verlag Anton Pustet, Salzburg/Leipzig 1935

Friedrich Hebbel
18. 3. 1813 Wesselburen/Dithmarschen – 13. 12. 1863 Wien
Sommerbild, S. 171
Aus: Werke. Dritter Band. Herausgegeben von Gerhard Fricke, Werner Keller und Karl Förnbacher. Carl Hanser Verlag, München 1965

Johann Peter Hebel
10. 5. 1760 Basel – 22. 9. 1826 Schwetzingen
Froschregen, S. 154
Aus: Werke in drei Bänden. Band 3: Erzählungen und Aufsätze des Rheinischen Hausfreundes. Birkhäuser Verlag, Basel und Stuttgart 1959

Hermann Hesse
2. 7.1877 Calw/Württ. – 19. 8. 1962 Montagnola/Tessin
Tagebuchblatt, S. 123
Die Musik des Untergangs (aus: Klingsors letzter Sommer), S. 128
Aus: Die Erzählungen. Zusammengestellt von Volker Michels.

Zweiter Band. Suhrkamp Verlag, Frankfurt am Main 1973
Julikinder, S. 60
Aus: Gesammelte Dichtungen. Fünfter Band. Suhrkamp Verlag
Frankfurt am Main 1952

Franz Hessel
21. 11. 1880 Stettin – 6. 1. 1941 Sanary-sur-Mer/Südfrankreich
Der gute Regen, S. 98
Pfingsten 1896, S. 47
Aus: Ermunterung zum Genuß. Kleine Prosa. Herausgegeben von
Karin Grund und Bernd Witte. Verlag Brinkmann & Bose, Berlin
1981

Georg Heym
30. 10. 1887 Hirschberg/Schlesien – 16. 1. 1912 Berlin
Fronleichnamsprozession, S. 38
Aus: Dichtungen. Herausgegeben von Kurt Pinthus und Erwin
Loewenson. Kurt Wolff Verlag, München 1922

Wolfgang Hildesheimer
9. 12. 1916 Hamburg – 21. 8. 1991 Poschiavo
Weyerswyl als Symptom, S. 190
Aus: Lieblose Legenden. Suhrkamp Verlag Frankfurt am Main
1983

Hugo von Hofmannsthal
1. 2. 1874 Wien – 15. 7. 1929 Rodaun
Juniabend im Volksgarten, S. 14
Aus: Ausgewählte Werke in zwei Bänden. Zweiter Band: Erzählungen und Aufsätze. Herausgegeben von Rudolf Hirsch. S. Fischer Verlag, Frankfurt am Main 1957

Ricarda Huch
18. 7. 1864 Braunschweig – 17. 11. 1947 Schönberg im Taunus
Mondenweißer Jasmin, S. 173
Aus: Gesammelte Werke. Fünfter Band. Herausgegeben von Wilhelm Emrich. Verlag Kiepenhauer & Witsch, Köln 1971

Peter Huchel
3. 4. 1903 Berlin-Lichterfelde – 30. 4. 1981 Staufen/Breisgau
Löwenzahn, S. 29
Sommerabend, S. 66
Aus: Gesammelte Werke in zwei Bänden. Band I. Die Gedichte. Herausgegeben von Axel Vieregg. Suhrkamp Verlag Frankfurt am Main 1984

Ernst Kammerer
1908 München – 2. 10. 1941 in Rußland
Der erste Zwetschgendatschi, S. 202
Aus: Alltag bis Zwetschgendatschi. Ausgewählt und mit einem Vorwort versehen von Walter Panofsky. Süddeutscher Verlag, München 1962

Walter Kappacher
24. 10. 1938 Salzburg, lebt in Obertrum/Österreich
Erste Tage im Valdarno, S. 21
Aus: Jahresring 84-85. Jahrbuch für Literatur und Kunst. Herausgegeben vom Kulturkreis im BdI. Deutsche Verlags-Anstalt, Stuttgart 1984. © by Walter Kappacher

Marie Luise Kaschnitz
31. 1. 1904 Karlsruhe – 10. 10. 1974 Rom
Augustgarten, S. 161
Aus: Tage, Tage, Jahre. In: Gesammelte Werke. Dritter Band: Die autobiographische Prosa II. Herausgegeben von Christian Büttrich und Norbert Miller. Insel Verlag Frankfurt am Main 1982

Gottfried Keller
19. 7. 1819 Zürich – 15. 7. 1890 Zürich
Sommernacht, S. 52
Aus: Sämtliche Werke und ausgewählte Briefe. Dritter Band. Herausgegeben von Clemens Heselhaus. Carl Hanser Verlag, München 1958

Annette Kolb
2. 2. 1870 München – 3. 12. 1967 ebd.
Nie wieder, S. 186
Aus: Das Beschwerdebuch. Verlag Kiepenheuer & Witsch, Köln/
Berlin o. J. (Rechte: S. Fischer Verlag, Frankfurt am Main. Abdruck mit Genehmigung von Kurt L. Maschler, London)

Gertrud Kolmar
10. 12.1894 Berlin – 1943 in einem KZ
Junilied, S. 28
Aus: Frühe Gedichte (1917-22)/Wort der Stummen (1933).
Herausgegeben von Johanna Woltmann-Zeitler. Kösel-Verlag,
München 1980

Theodor Kramer
1. 1. 1897 Niederhollabrunn/Niederösterreich – 3. 4. 1958 Wien
Wien, Fronleichnam 1939, S. 40
Aus: Gesammelte Gedichte. Band 1. © Paul Zsolnay Verlag, Wien
1997

Ernst Kreuder
29. 8. 1903 Zeitz – 24. 12. 1972 Darmstadt
Abend am Seeufer, S. 134
Aus: Tunnel zu vermieten. Kurzgeschichten, Grotesken, Glossen,
Erzählungen. Herausgegeben von der Akademie der Wissenschaften und der Literatur. V. Hase & Koehler Verlag, Mainz 1970

Karl Krolow
11. 3. 1915 Hannover, lebt in Darmstadt
Junihimmel, S. 30
Aus: Landschaften für mich. Neue Gedichte. Suhrkamp Verlag
Frankfurt am Main 1966
Phantasie über den Sommer, S. 81
Aus: Minutenaufzeichnungen. Suhrkamp Verlag Frankfurt am
Main 1968

Friedo Lampe
4. 12. 1899 Bremen – 2. 5. 1945 Klein-Machnow bei Berlin
Sommer verglüht, S. 174
Aus: Das Gesamtwerk. Mit einem Nachwort von Johannes Pfeiffer. © 1955 by Rowohlt Verlag GmbH, Reinbek

Elisabeth Langgässer
23. 2. 1899 Alzey – 25. 7. 1950 Rheinzabern
Wenn das Mohnblatt niederfällt (aus: Regnerischer Sommer), S. 147
Aus: Gedichte. Claassen Verlag, Hamburg 1959

Wilhelm Lehmann
4. 5.1882 Puerto Caballo/Venezuela – 17. 11. 1968 Eckernförde
Fahrt über den Plöner See, S. 90
Testament des Sommers, S. 175
Oberon, S. 63
Aus: Gesammelte Werke in acht Bänden. Band 1. Sämtliche Gedichte. Herausgegeben von Hans Dieter Schäfer. Verlag Klett-Cotta, Stuttgart 1982
Noch ist der Himmel voll von Schwalben, S. 162
Aus: Bukolisches Tagebuch aus den Jahren 1927-1932 (Cotta's Bibliothek der Moderne). Klett-Cotta, Stuttgart 1982

Hans Leifhelm
2. 2. 1891 Mönchen-Gladbach – 1. 3. 1947 Riva/Gardasee
Im Regen, S. 146
Aus: Sämtliche Gedichte. Herausgegeben von Norbert Langer. Otto Müller Verlag, Salzburg 1955

Reinhard Lettau
10. 9. 1929 Erfurt – 17. 6. 1996 Karlsruhe
Einladung zu Sommergewittern, S. 140
Aus: Schwierigkeiten beim Häuserbauen. Geschichten. © 1979 Carl Hanser Verlag München Wien

Detlev von Liliencron
3. 6. 1844 Kiel – 22. 7. 1909 Alt-Rahlstedt bei Hamburg
Dorfkirche, S. 57
Einen Sommer lang, S. 56
Aus: Werke. Erster Band. Herausgegeben von Benno von Wiese.
Insel Verlag Frankfurt am Main 1977

Oskar Loerke
13. 3. 1884 Jungen/Westpreußen – 24. 2. 1941 Berlin-Frohnau
Gartengewitter, S. 145
Aus: Gedichte und Prosa. Erster Band. Herausgegeben von Peter
Suhrkamp. Suhrkamp Verlag Frankfurt am Main 1958

Rainer Malkowski
26. 12. 1939 Berlin, lebt in Brannenburg am Inn
41 Grad, S. 177
Aus: Zu Gast. Gedichte. Suhrkamp Verlag Frankfurt am Main
1983

Thomas Mann
6. 6. 1875 Lübeck – 12. 8. 1955 Kilchberg/Zürichsee
Mein Sommerhaus, S. 102
Aus: Gesammelte Werke in dreizehn Bänden. Band VIII: Nach-
träge. © S. Fischer Verlag, Frankfurt am Main 1974

Conrad Ferdinand Meyer
11. 10. 1825 Zürich – 28. 11. 1898 Kilchberg/Zürichsee
Auf Goldgrund, S. 54
Schwarzschattende Kastanie, S. 90
Sämtliche Werke in zwei Bänden. Zweiter Band. Vollständige
Texte nach den Ausgaben letzter Hand. Mit einem Nachwort von
Erwin Laaths. Deutscher Taschenbuch Verlag, München 1976
(Lizenzausgabe des Winkler Verlags, München)

Eduard Mörike
8. 9. 1804 Ludwigsburg – 4. 6. 1875 Stuttgart
Briefe im Juni, S. 11.

Aus: Jahreszeiten. Ausgewählt und eingeleitet von Peter Lahnstein. Verlag W. Kohlhammer, Stuttgart 1974

Hans Morgenthaler
4. 6. 1890 Burgdorf, Kt. Bern – 16. 3. 1928 Burgdorf
Sommernachmittag, S. 122
Aus: Totenjodel. Kandelaber Verlag, Bern 1970

Robert Musil
6. 11. 1880 Klagenfurt – 15. 4. 1942 Genf
Das Fliegenpapier, S. 199
Aus: Gesammelte Werke. Erster Band. Herausgegeben von Adolf Frisé. © 1978 by Rowohlt Verlag GmbH, Reinbek

Dr. Owlglass (eig. Hans Erich Blaich)
19. 1. 1873 Leutkirch/Allgäu – 29. 10. 1945 Fürstenfeldbruck
Sommerliche Konflikte, S. 117
Aus: Ausgewählte Werke des ›Simplicissimusdichters‹ Dr. Owlglass. Mit sämtlichen Briefen an Kurt Tucholsky. Herausgegeben von Volker Hoffmann. Jürgen Schweier Verlag, Kirchheim/Teck 1981

Alfred Polgar
17. 10. 1873 Wien – 24. 4. 1955 Zürich
Sommerhotel, S. 195
Aus: Kleine Schriften. Band 2. Herausgegeben von Marcel Reich-Ranicki in Zusammenarbeit mit Ulrich Weinzierl. © 1983 by Rowohlt Verlag GmbH, Reinbek

Rainer Maria Rilke
4. 12. 1875 Prag – 29. 12. 1926 Val Mont bei Montreux
Übung am Klavier, S. 58
Aus: Sämtliche Werke in sechs Bänden. Erster Band. Herausgegeben vom Rilke-Archiv in Verbindung mit Ruth Sieber-Rilke. Besorgt durch Ernst Zinn. Insel Verlag Frankfurt am Main 1955

Joachim Ringelnatz
7. 8. 1883 Wurzen – 11. 11. 1934 Berlin
Sommerfrische, S. 118
Aus: Das Gesamtwerk in sieben Bänden. Copyright © 1994 by Diogenes Verlag AG Zürich

Peter Rosei
17. 6. 1946 Wien, lebt in Wien
August (aus: Flachgauer Tagebuch), S. 167
Aus: Hier lebe ich. Landschaften & Orte, gesehen von deutschen Schriftstellern. Herausgegeben von Bartel F. Sinhuber. Rosenheimer Verlagshaus Alfred Förg, Rosenheim 1978, © Peter Rosei

Johann Gaudenz von Salis-Seewies
26. 12. 1762 Schloß Bothmar/Schweiz – 29. 11. 1834 Bothmar
Lied zu singen bei einer Wasserfahrt, S. 89
Aus: Gedichte. Herausgegeben von Eduard Korrodi. Fretz & Wasmuth Verlag, Zürich 1937

Friedrich Schnack
5. 3. 1888 Rieneck/Unterfranken – 6. 3. 1977 München
Feldgeist, S. 64
Aus: Gesammelte Werke in zwei Bänden. Zweiter Band. Rütten & Loening Verlag, Hamburg 1961. Mit freundlicher Genehmigung von Sebastian Schnack

Rudolf Alexander Schröder
26. 1. 1878 Bremen – 22. 8. 1962 Bad Wiessee/Obb.
Sommerbrauch, S. 60
Aus: Alten Mannes Sommer. Suhrkamp Verlag, Berlin 1947

Ernst Stadler
11. 8. 1883 Colmar/Elsaß – 30. 10. 1914 bei Ypern
Sommer, S. 62
Aus: Dichtungen, Schriften, Briefe. Herausgegeben von Klaus Hurlebusch und Karl Ludwig Schneider. Verlag C. H. Beck, München 1983

Adalbert Stifter
23. 10. 1803 Oberplan/Böhmerwald – 28. 1. 1868 Linz
– und immer schönere Tage kamen und schönere (aus: Das Haidedorf), S. 41
Aus: Gesammelte Werke in sechs Bänden. Erster Band: Studien I. Herausgegeben von Max Stefl. Insel Verlag Frankfurt am Main 1959

Friedrich Leopold zu Stolberg
7. 11. 1750 Schloß Bramstedt/Holst. – 5. 12. 1819 Schloß Sondermühlen b. Osnabrück
Lied auf dem Wasser zu singen, für meine Agnes, S. 88
Aus: Der Göttinger Hain. Herausgegeben von Alfred Kelletat. Universal-Bibliothek Nr. 8789-93. © Philipp Reclam jun., Stuttgart 1967

Theodor Storm
14. 9. 1817 Husum – 4. 7. 1888 Hademarschen
Juli, S. 56
Sommermittag, S. 55
August, S. 171
Aus: Sämtliche Werke in zwei Bänden. Zweiter Band. Nachwort von Johannes Klein, Winkler-Verlag, München 1951
Wenn die Äpfel reif sind, S. 155
Aus: Sämtliche Werke in zwei Bänden. Erster Band. Winkler-Verlag, München 1951

Jürgen Theobaldy
7. 3. 1944 Straßburg, lebt in Bern
Offenes Hemd, S. 183
Aus: Die Sommertour. Gedichte. Rowohlt Verlag GmbH, Reinbek 1983. Mit freundlicher Genehmigung des Autors

Georg Trakl
3. 2. 1887 Salzburg – 4. 11. 1914 Krakau
Sommersneige, S. 172
Aus: Die Dichtungen. Otto Müller Verlag, Salzburg 1938

Kurt Tucholsky
9. 1. 1890 Berlin – 21. 12. 1935 Hindås bei Göteborg/Schweden
Dreißig Grad, S. 119
Aus: Gedichte. Herausgegeben von Mary Gerold-Tucholsky.
© 1960 by Rowohlt Verlag GmbH, Reinbek

Ludwig Uhland
26. 4. 1787 Tübingen – 13. 11. 1862 Tübingen
Der Sommerfaden, S. 51
Aus: Werke. Erster Band: Gedichte. Herausgegeben und mit einem Nachwort von Walter Scheffler. Winkler Verlag, München 1980

Guntram Vesper
25. 5. 1941 Frohburg/Sachsen, lebt in Göttingen
Sommermorgen, S. 182
Aus: Die Inseln im Landmeer und neue Gedichte. Fischer Taschenbuch Verlag, Frankfurt am Main 1984. Abdruck mit freundlicher Genehmigung des Autors.

Christian Wagner
5. 8. 1835 Warmbronn/Württemberg – 15. 2. 1918 Warmbronn
Auf der Lichtung, S. 63
Aus: Gedichte. Ausgewählt und eingeleitet von Hermann Hesse. Mit einem Nachwort von Peter Handke. Suhrkamp Verlag Frankfurt am Main 1980

Ernst Waldinger
16. 10. 1896 Wien – 1. 2. 1970 New York
Kleines Schwimmbad in Sauerbrunn, S. 116
Aus: Zwischen Hudson und Donau. Ausgewählte Gedichte. Bergland Verlag, Wien 1958

Robert Walser
13. 4. 1878 Biel – 25. 12. 1956 Herisau/Schweiz
Sommer, S. 114
Sommerfrische, S. 101

Aus: Das Gesamtwerk. Herausgegeben von Jochen Greven. Verlag Helmut Kossodo, Genf und Hamburg 1971. Alle Rechte vorbehalten durch den Suhrkamp Verlag Frankfurt am Main

Konrad Weiss
1. 5. 1880 Rauenbretzingen bei Schwäbisch Hall – 4. 1. 1940 München
Pfingstmorgen, S. 36
Aus: Dichtungen und Schriften in Einzelausgaben. Erster Band: Gedichte 1914-1939. Herausgegeben von Friedhelm Kemp. Kösel Verlag, München 1961

Paul Zech
19. 2. 1881 Briesen/Westpreußen – 7. 9. 1946 Buenos Aires
Nach dem Gewitter, S. 145
Aus: Vom schwarzen Revier zur Neuen Welt. Gesammelte Gedichte. Herausgegeben von Henry A. Smith. Carl Hanser Verlag, München 1983

Albin Zollinger
24. 1. 1895 Zürich – 7. 11. 1941 Zürich
Die Sonne, S. 71
Aus: Werke in sechs Bänden. Bd. 5. Prosastücke. Artemis Verlag Zürich 1984

INHALT

Paul Gerhardt, Sommerlied 9
Eduard Mörike, Briefe im Juni 11
Hugo von Hofmannsthal, Juniabend im Volksgarten 14
Johannes Bobrowski, Rainfarn 16
Walter Kappacher, Erste Tage im Valdarno 21
Max Dauthendey, Johannisfeuer 28
Gertrud Kolmar, Junilied 28
Peter Huchel, Löwenzahn 29
Karl Krolow, Junihimmel 30
Volker Braun, Hingebung 31
Kalenderblatt Juni 33

Angelus Silesius, Himmelfahrt 35
Konrad Weiss, Pfingstmorgen 36
Georg Heym, Fronleichnamsprozession 38
Theodor Kramer, Wien, Fronleichnam 1939 40
Adalbert Stifter, – und immer schönere Tage kamen und schönere 41
Franz Hessel, Pfingsten 1896 47
Ludwig Uhland, Sommerfaden 51
Annette von Droste-Hülshoff, Im Grase 51
Gottfried Keller, Sommernacht 52
Conrad Ferdinand Meyer, Auf Goldgrund 54
Theodor Storm, Sommermittag 55
Theodor Storm, Juli 56
Detlev von Liliencron, Einen Sommer lang 56
Detlev von Liliencron, Dorfkirche im Sommer 56
Rainer Maria Rilke, Übung am Klavier 58
Stefan George, Juli-Schwermut 59
Hermann Hesse, Julikinder 60

Rudolf Alexander Schröder, Sommerbrauch 60
Ernst Stadler, Sommer 62
Christian Wagner, Auf der Lichtung 63
Wilhelm Lehmann, Oberon 63
Friedrich Schnack, Feldgeist 64
Jürgen Eggebrecht, Roggenmuhme 65
Peter Huchel, Sommerabend 66
Günter Eich, Heißer Tag 67
Ingeborg Bachmann, An die Sonne 68
Rolf Dieter Brinkmann, Einfach Sonne 70
Albin Zollinger, Die Sonne 71
Max Frisch, Es war an einem sommerlichen Sonntag 75
Karl Krolow, Phantasie über den Sommer 81
Kalenderblatt Juli 85

Johann Wolfgang Goethe, Auf dem See 87
Friedrich Leopold zu Stolberg, Lied auf dem Wasser
   zu singen, für meine Agnes 88
Johann Gaudenz von Salis-Seewies, Lied zu singen bei
   einer Wasserfahrt 89
Conrad Ferdinand Meyer, Schwarzschattende
   Kastanie 90
Wilhelm Lehmann, Fahrt über den Plöner See 90
Bertolt Brecht, Vom Schwimmen in Seen und
   Flüssen 92
Bertolt Brecht, Rudern, Gespräche 93
Theodor Fontane, Briefe im Juli 94
Franz Hessel, Der gute Regen 98
Robert Walser, Sommerfrische 101
Thomas Mann, Mein Sommerhaus 102
Walter Benjamin, In der Sonne 109
Robert Walser, Sommer 114
Ernst Blass, Sonntagnachmittag 115
Jakob Haringer, Sommerlied 115

Ernst Waldinger, Kleines Schwimmbad in
   Sauerbrunn 116
Dr. Owlglass, Sommerliche Konflikte 117
Joachim Ringelnatz, Sommerfrische 118
Kurt Tucholsky, Dreißig Grad 119
Bertolt Brecht, Heißer Tag 120
Georg Britting, Der Sommer ist fürchterlich 120
Hans Morgenthaler, Sommernachmittag 122
Hermann Hesse, Tagebuchblatt 123
Hermann Hesse, Die Musik des Untergangs 128
Ernst Kreuder, Abend am Seeufer 134
Reinhard Lettau, Einladung zu Sommergewittern 140
Max Dauthendey, Drei Blitze 144
Oskar Loerke, Gartengewitter 145
Paul Zech, Nach dem Gewitter 145
Hans Leifhelm, Im Regen 146
Elisabeth Langgässer, Wenn das Mohnblatt
   niederfällt 147
Ingeborg Bachmann, Aria I 148
Kalenderblatt August 149

Matthias Claudius, Brief an Andres wegen den
   Geburtstägen im August 1777 151
Johann Peter Hebel, Froschregen 154
Theodor Storm, Wenn die Äpfel reif sind 155
Marie Luise Kaschnitz, Augustgarten 161
Wilhelm Lehmann, Noch ist der Himmel voll
   von Schwalben 162
Peter Rosei, August 167
Theodor Storm, August 171
Friedrich Hebbel, Sommerbild 171
Georg Trakl, Sommersneige 172
Ricarda Huch, Mondenweißer Jasmin 173
Gottfried Benn, Einsamer nie – 173

Friedo Lampe, Sommer verglüht 174
Wilhelm Lehmann, Testament des Sommers 175
Günter Eich, Ende August 176
Rainer Brambach, Im Juli und August 177
Rainer Malkowski, 41 Grad 177
Jürgen Becker, Wörter im Sommer 178
Hugo Dittberner, Ode an den Landregen 180
Ulla Hahn, Verregneter Sommer 181
Guntram Vesper, Sommermorgen 182
Jürgen Theobaldy, Offenes Hemd 183
Theodor Däubler, In der Champagne 183
Annette Kolb, Nie wieder 186
Wolfgang Hildesheimer, Weyerswyl als Symptom 190
Alfred Polgar, Sommerhotel 195
Peter Altenberg, Sommerabend in Gmunden 198
Robert Musil, Das Fliegenpapier 199
Hellmut von Cube, Mittsommernächte 202
Ernst Kammerer, Der erste Zwetschgendatschi 202
Elisabeth Borchers, Ende des Sommers 207

Anthologien
im insel taschenbuch

Alle Jahre wieder. Ein Weihnachtsbuch mit Geschichten, Liedern und Bildern. Ausgewählt von Gottfried Natalis. it 1362

Allerleirauh. Viele schöne Kinderreime versammelt von Hans Magnus Enzensberger. it 115

Alt-Prager Geschichten. Gesammelt von Peter Demetz. Mit Illustrationen von Hugo Steiner-Prag. it 613

Alt-Wiener Geschichten. Gesammelt von Joseph Peter Strelka. Mit sechs farbigen Abbildungen. it 784

Bäume. Das Insel-Buch der Bäume. Gedichte und Prosa. Ausgewählt und herausgegeben von Gottfried Honnefelder. Mit sechzehn Farbtafeln. it 1041 und it 1811

Briefe berühmter Frauen. Von Liselotte von der Pfalz bis Rosa Luxemburg. Herausgegeben von Claudia Schmölders. it 1505

Das Buch der Liebe. Gedichte und Lieder, ausgewählt von Elisabeth Borchers. it 82

Einsamkeiten. Ein Lesebuch. Herausgegeben von Ilma Rakusa. it 1691

Das Frühlingsbuch. Gedichte und Prosa. Herausgegeben von Hans Bender und Nikolaus Wolters. it 914

Gedichte berühmter Frauen. Von Hildegard von Bingen bis Ingeborg Bachmann. Herausgegeben von Elisabeth Borchers. it 1790

Geschichten aus dem alten Prag. Sippurim. Herausgegeben, mit Anmerkungen und mit einem Nachwort versehen von Peter Demetz. it 1519

Glück. Erkundigungen, eingeholt von Gottfried Honnefelder. it 1459

Bei Goethe zu Gast. Besuche in Weimar. Herausgegeben von Werner Völker. Mit zahlreichen Abbildungen. it 1725

Heidelberg im Gedicht. Die zwölf schönsten Heidelberg-Gedichte mit Interpretationen. Im Auftrag der Literarischen Gesellschaft Palais Boisserée herausgegeben von Helmuth Kiesel. it 1939

Das Herbstbuch. Gedichte und Prosa. Herausgegeben von Hans Bender. it 657

Das kalte Herz. Und andere Texte der Romantik. Mit einem Essay von Manfred Frank. it 330

Die Kunst der Verführung. Variationen von Ovid bis Marguerite Duras. Herausgegeben von Birgit Haustedt. Mit zahlreichen Abbildungen. it 1837

Kurz vor Mitternacht. Sechs Variationen über ein Thema von Machado de Assis. Herausgegeben von Ray-Güde Martin. it 1654

Liebe Mutter. Eine Sammlung von Elisabeth Borchers. it 230

Anthologien
im insel taschenbuch

»Matrosen sind der Liebe Schwingen«. Homosexuelle Poesie von der Antike bis zur Gegenwart. Herausgegeben von Joachim Campe. it 1599

Mit Pinsel und Palette. Geschichten und Gedichte von Malern. Herausgegeben von Joachim Rönneper. Mit einem Nachwort von Manfred Schneckenburger. it 1847

Mütter berühmter Männer. Zwölf biographische Porträts. Herausgegeben von Luise F. Pusch. it 1356

Friedrich Nietzsche: ›Wie man wird, was man ist.‹ Ermutigungen zum kritischen Denken. Herausgegeben von Ursula Michels-Wenz. it 1096

Pantoffelhelden und Stiefelknechte. Über poetisches Schuhwerk. Herausgegeben von Franz Josef Görtz. Mit zahlreichen Abbildungen. it 1699

Das Poesiealbum. Verse zum Auf- und Abschreiben. Mit Bildern und Vignetten. Ausgewählt und zusammengestellt von Elisabeth Borchers. it 414

Die schönsten Hundegeschichten. Ausgewählt von Gottfried Honnefelder. it 1787

Die schönsten Liebesgedichte. Herausgegeben von Sigrid Damm. it 1872

Die schönsten Pferdegeschichten. Ausgewählt von Katja Behrens. it 1734

Schwestern berühmter Männer. Zwölf biographische Porträts. Herausgegeben von Luise F. Pusch. Redaktionelle Mitarbeit: Jutta Wasels. it 796

Der sehr nützliche Geburtstagskalender. Mit ausgewählten Gedichten und farbigen Bildern. Zusammengestellt von Elisabeth Borchers. it 1618

Ein Sommer wie im Märchen. Geschichten für den Reisekoffer gepackt von Franz-Heinrich Hackel. it 1728

Das Sommerbuch. Gedichte und Prosa. Herausgegeben von Hans Bender. it 847

Über die Freundschaft. Herausgegeben von Hans-Ulrich Müller-Schwefe. it 1783

Über die Liebe. Gedichte und Interpretationen aus der ›Frankfurter Anthologie‹. Herausgegeben von Marcel Reich-Ranicki. it 794

Und was kommt danach? Orte der Seele. Eine Sammlung literarischer Zeugnisse. Herausgegeben von Hans-Joachim Simm. it 1877

Anthologien
im insel taschenbuch

Der versiegelte Engel. Erzählungen zu Ikonen. Mit farbigen Abbildungen. Ausgewählt und mit einem Nachwort versehen von Angela Martini-Wonde. it 1132

Vom Abschied. Eine Gedichtsammlung. Herausgegeben von Margot Litten. Originalausgabe. it 694

Vom mönchischen Leben. Geschichte einer Sehnsucht. Herausgegeben von Johannes Werner. it 1473

Vom Tod. Ein Lesebuch für jedermann. Herausgegeben von Werner Koch. it 1037

Weihnachten. Erzählungen aus alter und neuer Zeit. Ausgewählt von Gottfried Natalis. Mit zahlreichen Abbildungen und Initialen. it 946

Das Weihnachtsbuch. Mit alten und neuen Geschichten, Gedichten und Liedern. Ausgewählt von Elisabeth Borchers. it 46

Das Weihnachtsbuch der Lieder. Mit alten und neuen Liedern zum Singen und Spielen. Ausgewählt von Gottfried Natalis. Mit einem Nachwort von Ernst Klusen. it 157

Wien im Gedicht. Herausgegeben von Gerhard C. Krischker. it 1488

Das Wiener Kaffeehaus. Herausgegeben von Kurt J. Heering. Mit zahlreichen Abbildungen. it 1318

Das Winterbuch. Gedichte und Prosa. Herausgegeben von Hans Bender und Hans Georg Schwark. it 728

Wolken – Gedanken des Himmels. Herausgegeben von Charitas Jenny-Ebeling. Mit farbigen Abbildungen. it 1871

Wundersame Geschichten von Engeln. Gesammelt von Felix Karlinger. it 1226

Zum Teufel. Diabolische Geschichten. Aufgespießt von Franz Rottensteiner. it 1708

Literatur der Moderne
im insel taschenbuch

Peter Altenberg: Auswahl aus seinen Büchern von Karl Kraus. Mit einem Nachwort von Christian Wagenknecht. it 1851

Lou Andreas-Salomé: Lebensrückblick. Grundriß einiger Lebenserinnerungen. Aus dem Nachlaß herausgegeben von Ernst Pfeiffer. Neu durchgesehene Ausgabe mit einem Nachwort des Herausgebers. it 54

– Rainer Maria Rilke. Mit acht Bildtafeln im Text. Herausgegeben von Ernst Pfeiffer. it 1044

Bertolt Brecht: Hauspostille. Mit Anleitungen, Gesangsnoten und einem Anhang. Radierungen von Christoph Meckel. it 617

Hans Carossa: Werke in Einzelausgaben. Zwölf Bände in Kassette. Die Werke sind auch einzeln lieferbar. it 1461-1472

– Band 1: Gedichte. Der alte Taschenspieler. it 1461
– Band 2: Die Schicksale Doktor Bürgers. Rumänisches Tagebuch. it 1462
– Band 3: Der Arzt Gion. it 1463
– Band 4: Geheimnisse des Lebens. it 1464
– Band 5: Führung und Geleit. it 1465
– Band 6: Aufzeichnungen aus Italien. it 1466
– Band 7: Eine Kindheit. it 1467
– Band 8: Verwandlungen einer Jugend. it 1468
– Band 9: Das Jahr der schönen Täuschungen. it 1469
– Band 10: Der Tag des jungen Arztes. it 1470
– Band 11: Ungleiche Welten. Lebensbericht. it 1471
– Band 12: Ein Tag im Spätsommer 1947. Erzählung. it 1472

– Das Jahr der schönen Täuschungen. it 1091
– Eine Kindheit. it 295 und Großdruck. it 2345
– Die Schicksale Doktor Bürgers. it 830
– Der Tag des jungen Arztes. it 1137

Felix Dahn: Ein Kampf um Rom. Mit einem Nachwort von Hans-Rüdiger Schwab. it 1744

Federico García Lorca: Die dramatischen Dichtungen. Deutsch von Enrique Beck. it 3

Adele Gundert: Marie Hesse. Die Mutter von Hermann Hesse. Ein Lebensbild in Briefen und Tagebüchern. Mit einem Essay von Siegfried Greiner und Illustrationen von Gunter Böhmer. it 261

Hermann Hesse: Bäume. Betrachtungen und Gedichte. Mit Fotografien von Imme Techentin. Zusammenstellung der Texte von Volker Michels. it 455 und it 1815

– Franz von Assisi. Mit Fresken von Giotto und einem Essay von Fritz Wagner. it 1069

Literatur der Moderne
im insel taschenbuch

Hermann Hesse: Gedichte des Malers. Zehn Gedichte mit farbigen Zeichnungen. it 893
- Hermann Lauscher. Mit frühen, teils unveröffentlichten Zeichnungen und einem Nachwort von Gunter Böhmer. it 206
- Kindheit des Zauberers. Ein autobiographisches Märchen. Handgeschrieben, illustriert und mit einer Nachbemerkung versehen von Peter Weiss. it 67
- Knulp. Drei Geschichten aus dem Leben Knulps. Mit dem Fragment ›Knulps Ende‹. Mit sechzehn Steinzeichnungen von Karl Walser. it 394
- Magie der Farben. Aquarelle aus dem Tessin. Mit Betrachtungen und Gedichten zusammengestellt und mit einem Nachwort versehen von Volker Michels. it 482
- Mit Hermann Hesse durch Italien. Ein Reisebegleiter durch Oberitalien. Mit farbigen Fotografien. Herausgegeben von Volker Michels. it 1120
- Piktors Verwandlungen. Ein Liebesmärchen, vom Autor handgeschrieben und illustriert, mit ausgewählten Gedichten und einem Nachwort versehen von Volker Michels. it 122
- Schmetterlinge. Betrachtungen, Erzählungen, Gedichte. Zusammengestellt und mit einem Nachwort versehen von Volker Michels. it 385
- Die Stadt. Ein Märchen, ins Bild gebracht von Walter Schmögner. it 236
- Der Zwerg. Ein Märchen. Mit Illustrationen von Rolf Köhler. it 636

Henrik Ibsen: Ein Puppenheim. Herausgegeben und übersetzt von Angelika Gundlach. Mit zeitgenössischen Abbildungen. it 323

Jens Peter Jacobsen: Niels Lyhne. Mit Illustrationen von Heinrich Vogeler. Nachwort von Fritz Paul. Aus dem Dänischen von Anke Mann. it 44

Marie Luise Kaschnitz: Beschreibung eines Dorfes. Fotografien von Michael Grünwald. it 665
- Eisbären. Erzählungen. it 4

Harry Graf Kessler: Tagebücher 1918-1937. Herausgegeben von Wolfgang Pfeiffer-Belli. it 1779

Eduard von Keyserling: Schwüle Tage. Erzählung. it 1726

Christian Morgenstern: Alle Galgenlieder. it 6

Literatur der Moderne
im insel taschenbuch

Rainer Maria Rilke: Sämtliche Werke. insel taschenbuch-Ausgabe in sechs Bänden. Herausgegeben vom Rilke-Archiv. In Verbindung mit Ruth Sieber-Rilke besorgt durch Ernst Zinn.
  – Band I: Gedichte. Erster Teil. it 1101
  – Band II: Gedichte. Zweiter Teil. it 1102
  – Band III: Jugendgedichte. it 1103
  – Band IV: Frühe Erzählungen und Dramen. it 1104
  – Band V: Kritische Schriften. Worpswede. Auguste Rodin. it 1105
  – Band VI: Malte Laurids Brigge. Kleine Schriften. it 1106
– Am Leben hin. Novellen und Skizzen 1898. Mit Anmerkungen und einer Zeittafel. it 863
– Die Aufzeichnungen des Malte Laurids Brigge. it 630
– Auguste Rodin. Mit 96 Abbildungen. it 766
– Ausgesetzt auf den Bergen des Herzens. Gedichte aus den Jahren 1906 bis 1926. it 98
– Briefe. 3 Bde. in Kassette. Herausgegeben vom Rilke-Archiv in Weimar in Verbindung mit Ruth Sieber-Rilke. Besorgt durch Karl Altheim. it 867
– Briefe über Cézanne. Herausgegeben von Clara Rilke. Besorgt und mit einem Nachwort versehen von Heinrich Wiegand Petzet. Mit siebzehn farbigen Abbildungen. it 672
– Das Buch der Bilder. Des ersten Buches erster Teil. Des ersten Buches zweiter Teil. Des zweiten Buches erster Teil. Des zweiten Buches zweiter Teil. it 26
– Duineser Elegien. Die Sonette an Orpheus. it 80
– Erste Gedichte. Larenopfer. Traumgekrönt. Advent. it 1090
– Ewald Tragy. Mit einem Nachwort von Richard von Mises. it 1142
– Frühe Gedichte. it 878
– Gedichte. Aus den Jahren 1902 bis 1917. Taschenbuchausgabe der 1931 als Privatdruck erschienenen Edition der Handschrift Rainer Maria Rilkes. Illustriert von Max Slevogt. it 701
– Gedichte aus den späten Jahren. Herausgegeben von Franz-Heinrich Hackel. it 1178
– Geschichten vom lieben Gott. Illustrationen von E. R. Weiß. it 43 und Großdruck. it 2313
– In einem fremden Park. Gartengedichte. Zusammengetragen von Marianne Beuchert. Mit zwölf farbigen Bildern von Marion Nickig. it 1820
– Die Letzten. Im Gespräch. Der Liebende. it 935
Rainer Maria Rilke: Die Liebenden. Die Liebe der Magdalena. Portugiesische Briefe. Die 24 Sonette der Louïze Labé. it 355

Literatur der Moderne
im insel taschenbuch

Rainer Maria Rilke: Neue Gedichte. Der Neuen Gedichte anderer Teil. it 49
- Das Stunden-Buch, enthaltend die drei Bücher: Vom mönchischen Leben. Von der Pilgerschaft. Von der Armut und vom Tode. it 2
- Vom Alleinsein. Geschichten, Gedanken, Gedichte. Herausgegeben von Franz-Heinrich Hackel. it 1216
- Worpswede. Fritz Mackensen. Otto Modersohn. Fritz Overbeck. Hans am Ende. Heinrich Vogeler. Mit zahlreichen Abbildungen und Farbtafeln im Text. it 1011
- Zwei Prager Geschichten und ›Ein Prager Künstler‹. Mit Illustrationen von Emil Orlik. Herausgegeben von Josef Mühlberger. it 235

Rainer Maria Rilke / Lou Andreas-Salomé: Briefwechsel. Herausgegeben von Ernst Pfeiffer. it 1217

Rilke in Spanien. Briefe, Gedichte, Tagebücher. Herausgegeben von Eva Söllner. Mit farbigen Abbildungen. it 1507

Rilkes Landschaft. In Bildern von Regina Richter, zu Gedichten von Rainer Maria Rilke. Nachwort von Siegfried Unseld. it 588

Leopold von Sacher-Masoch: Venus im Pelz. Mit einer Studie über den Masochismus von Gilles Deleuze. it 469

Felix Timmermans: Das Glück in der Stille. Die schönsten Erzählungen. Ausgewählt von Franz-Heinrich Hackel. it 1886
- Der Heilige der kleinen Dinge. Erzählungen. Mit Zeichnungen des Autors. it 1364
- Das Jesuskind in Flandern. Aus dem Flämischen von Anton Kippenberg. Mit Zeichnungen des Dichters. it 937
- Pallieter. Mit Zeichnungen des Dichters. Aus dem Flämischen von Anna Valeton-Hoos. it 1430
- St. Nikolaus in Not. Aus dem Flämischen von Anna Valeton-Hoos. Mit farbigen Bildern von Else Wenz-Viëtor. it 2023

Georg Trakl: Die Dichtungen. it 1156

Oscar Wilde: Gesammelte Werke in zehn Bänden. Herausgegeben von Norbert Kohl. it 582
- Band 1: Das Bildnis des Dorian Gray
- Band 2: Märchen und Erzählungen
- Band 3: Theaterstücke I
- Band 4: Theaterstücke II
- Band 5: Gedichte
- Band 6: Essays I
- Band 7: Essays II
- Band 8: Briefe I
- Band 9: Briefe II
- Band 10: Briefe III

Literatur der Moderne
im insel taschenbuch

Oscar Wilde: Aphorismen. Herausgegeben von Frank Thissen. it 1020
- Das Bildnis des Dorian Gray. Deutsch von Hedwig Lachmann und Gustav Landauer. Mit einem Essay, einer Auswahlbibliographie und einer Zeittafel herausgegeben von Norbert Kohl. it 843
- Die Erzählungen und Märchen. Mit Illustrationen von Heinrich Vogeler. Aus dem Englischen übersetzt von Felix Paul Greve und Franz Blei. it 5
- Gedichte. Herausgegeben von Norbert Kohl. it 1455
- Das Gespenst von Canterville. Erzählung. Mit Illustrationen von Oski. Aus dem Englischen von Franz Blei. it 344
- Der glückliche Prinz und andere Märchen. Aus dem Englischen von Franz Blei. Mit Illustrationen von Michael Schroeder und einem Nachwort von Norbert Kohl. it 1256
- Lord Arthur Saviles Verbrechen und andere Geschichten. Mit Illustrationen von Michael Schroeder. Aus dem Englischen von Christine Hoeppner. it 1151
- Salome. Dramen, Schriften, Aphorismen und ›Die Ballade vom Zuchthaus zu Reading‹. Mit Illustrationen von Marcus Behmer. it 107